科学的に
「先延ばし」を
なくす技術

やる気に頼らず
すぐ

やる人
になる37のコツ

大平信孝
Ohira Nobutaka

かんき出版

はじめに

この本を手にとってくださり、ありがとうございます。

突然ですが、野菜の種や苗を植えていないのに収穫を楽しみにしている人がいたら、あなたはどう思いますか？

「さすがに収穫できないでしょう」「何も植えていないのに収穫を期待するなんて……」「とりあえず苗を植えるか、種まきすればいいのに」と思いますよね。

さすがに、種も苗も植えずに野菜を収穫しようとする人はいないと思います。

しかし、これが日々の仕事やご自身の夢、目標の実現ならどうでしょうか？

夢や目標はあるけれど、それを実現するための行動を起こすことなく、成果だけを期待している人は、意外に多くいます。

「英語を話せるようになりたい」のに、英語に触れさえしていない。
「体を鍛えて健康になりたい」と、何年もスポーツジムを探し続けている。
「趣味の分野で起業したい」と考えているのに、調べることもしていない。

心当たりがある方もいらっしゃるのではないでしょうか。
日々の仕事でも同じです。

「早く上司にトラブルの報告をしなきゃ」と思いつつ、夕方になってしまった。
明日が期限の報告書があるのに気乗りせず、手をつけられていない。
メールの返信が億劫で先延ばしにしていたら、大量に溜まってしまった。

こんなことが続き、「だから私はダメなんだ」「いつもギリギリにならないと動けない」「あのとき動いておけばよかった……」と、自分を責めている方もいるかもしれません。

本書は、あなたの「すぐやる」スイッチを取り戻すための本です。このスイッチは誰もが持っているものです。実は、「つい、先延ばししてしまう人」は、そのスイッチの入れ方を忘れてしまっているだけなのです。

「すぐやる人」には共通点があります。それは、自然体でラクに取り組んでいること。**やる気や根性に頼ることなく、無理せずサクサク動けているのです。**

では、なぜあなたは動けないのでしょうか。

やる気がないから？　意志が弱いから？　性格的な問題？　いいえ、違います。

あなたを動けなくしているのは、あなた自身の脳です。

実は、私たちの脳はとても面倒くさがり屋です。新しいことに挑戦しようとしたり、難しい問題を解決しようとすると、命を守ろうとするバイアスが働き、現状を維持しようとするのです。

逆に言えば、面倒くさがる脳をその気にさせることができさえすれば、「すぐやる」スイッチをオンにすることができるわけです。

本書では、そのスイッチの入れ方を誰でも今すぐできるよう、37のメソッドに分けて紹介していきます。

こんな偉そうなことを書いておいてなんですが、実は、私自身もかつては極度の先延ばし人間でした。

しんどい。
面倒くさい。
また先延ばし……。

今日もパッとしない
忙しい毎日だけど、何かが積み上がっていく気がしない。

疲れた。

何もやる気がしない。

当時、私の頭の中はこんな感じでした。

SNSを見ると、「友人が新しいことを始めている」「趣味を極めていてすごい」「仕事で目覚ましい成果を出している」「仕事もプライベートも充実していて、なんだか楽しそう」。「それに比べて私は、どうしてこんなにパッとしないのだろう」「仕事もプライベートも中途半端で、誇れる実績もない」と劣等感を覚え、ため息をつく。

1日、1週間、1カ月、半年、1年が、同じパターンの繰り返し。時を重ねても成長を感じられず、焦燥感や嫉妬、後悔が増えていく。

「こうなりたいな、こんなふうになったらいいな」という、ささやかな希望はあるものの、なんら行動に着手していませんでした。にもかかわらず、幸運の女神がチャンスを運んでくれるのをいつも待っていました。

当然ですが、種を植えていない土地に育つのは雑草ばかり。「自分の人生はこんなはずじゃなかった」「なんで、自分はこんなにしょぼいのだろう」と嘆く、自己嫌悪の毎日でした。

そんな私が変わることができたのは、脳科学・心理学との出合いでした。

これらを学ぶにつれ、今の自分の状況は、自分の意志の弱さやだらしない性格のせいではなく、「行動のスイッチの入れ方」を知らなかっただけだったということに気づいたのです。

その結果、「先延ばしばかりの人生」から、「とりあえず種を植えてみる人生」に変わりました。つまり、ほんのちょっとでもいいから動いてみる、行動してみるというクセが身についたのです。

現在はその知見を生かし、メンタルコーチとして、経営者やオリンピック選手をはじめ、1万5000人を超えるビジネスパーソンのみなさんの夢や目標を実現するお手伝いをさせていただいています。この本には、その際活用しているメソッドを詰め込みました。

今はまだ本気を出していないだけだ。
状況がもう少し好転したら動き出そう。
よく考えてしっかりと計画を立ててから実行しよう。

そうこうしているうちに、時間だけが経ち……、あー、もうこんなのはイヤだ！
流れを変えたい。
自分を立て直したい。

そんなあなたにこの本を贈ります。

すぐ動けないことは、誰にでもあります。正確に言えば、動けないというよりは、「今は、動かない」という選択をしているのです。

では、「今は、動かない」という選択をする基準は、どこにあるのでしょうか。多くの場合、明確な根拠はなく、ただ何かを待っていることがほとんどです。

正解がはっきりするのを待っている。誰かが明確な指示・命令・指針を示してくれるのを待っている。向こうから連絡がくるのを待っている。状況が好転したり、ベストなタイミングがくるのを待っている。損得が明確になるのを待っている。

このような「待ち」をしているときに共通しているのは、状況を好転させたり、正解を導くために、自ら積極的に動くのではなく、とりあえず「様子見」していること。

しかし、このような「受け身」の状態では、状況は好転するよりも悪化することがほとんどです。

先を見通すことが難しく、正解や価値観がコロコロ変わってしまう激動の時代だから、誰だって状況が好転するまで立ち止まって、様子見していたいと考えるのは当然です。せっかく行動したことが無駄になったり、逆効果になることもある。損や失敗はしたくない。どうせ行動するなら着実に成果につなげたい。それが明確になるまでは動きたくない。その気持ちはよくわかります。

でも、状況が好転するのを待つにしても、せめて種や苗を植えてから、少しでもきっかけとなる行動をしてから待ってみませんか。そうすれば、収穫できる可能性、つまり夢や目標が実現する可能性がゼロではなくなります。

ほんの少しでもかまいません。あなた自身が行動することではじめて、変化、成果、フィードバックが得られます。そして、それをきっかけに、あなたの夢や目標の実現、悩みや課題の解決は、いい方向に向かっていきます。

心配はいりません。本書では、性格や意志の強さに関係なく、誰もがラクに動ける、もしくは動きたくなる方法を紹介していきます。

「すぐやる人」は、その都度、希望の種や苗を植えています。だから、毎朝希望とともに目覚め、1日を過ごすのも楽しいし、明日がくるのも楽しみになるのです。

ぜひ、本書のメソッドを使って、少しずつ、着実に人生を変えていきましょう。

本書が、あなたの理想の未来をカタチにするきっかけとなりますように。

令和3年9月

大平　信孝

CONTENTS

第2章

集中力が驚くほど続く！「行動ブレーキ」の外し方

第3章 感情に左右されない！行動マインドのつくり方

第4章 「忙しくて動けない」がなくなる! 時間の使い方

第5章 夢や目標に向かって一歩踏み出せる！行動思考の身につけ方

装幀・本文デザイン　岩永香穂（ＭＯＡＩ）
イラスト　鈴木衣津子
ＤＴＰ　野中賢（株式会社システムタンク）

第1章

先延ばしがなくなる！行動に「初速」をつける方法

行動の「とっかかり」さえ
つけられれば、
面倒くさがる脳を動かせる

物事をつい先延ばしにしてしまう。

やりたいことがあるのに、なかなかとりかかることができない。

こんなことが続くと、「どうして私は意志が弱いのだろう」「なんで行動力がないんだろう」と、つい自分を責めてしまうことがあります。しかし、これは勘違いです。

「はじめに」でも少し触れましたが、実は、あなたがすぐ動けないのは、あなたがダメなわけでも、意志が弱いからでもありません。**あなたが動けないのは、人間の脳の仕組みがそうなっているからなのです。**

人間の脳は生命維持のため、命に別状がないかぎり、できるだけ変化を避けて現状維持をしようとする防衛本能が働いています。

今までの生活習慣や行動をいっきに変えて新しいことをスタートさせようとするとき、最初の数日は気合いや根性でなんとかなります。でも、ほとんどの場合、長続きせず、三日坊主やリバウンドを起こすことになります。

これは、能力や性格、やる気の問題ではなく、この脳の防衛本能が、あなたの行動を抑制しようとすることが原因です。私たちの脳は、とても面倒くさがり屋なのです。いっきに完璧に物事をやり遂げようとすることは、脳の仕組み上難しいわけです。

もしかしたら、なおさら「すぐやる人」になるのは難しいのではないか？　と不安になった方もいるかもしれません。でも安心してください。

私たちの脳には「側坐核」と呼ばれる場所が存在します。**この側坐核が刺激されると、意欲を高めたり、楽しいと感じる「ドーパミン」というホルモンが分泌されます。このドーパミンが行動力の源になるわけです。**このスイッチを入れさえすれば、誰でもすぐに動くことができるようになります。

ここで重要なのは、側坐核というスイッチは、自動的にオンにはならないということです。つまり、「よし、やるぞ！」と気合いを入れるだけではスイッチを入れることはできないのです。

また、まわりの人から「頑張ってね！」「応援しているよ！」と応援されたり、「早くやれ！」「なんですぐに着手できないんだ！」と叱責されてもスイッチは入りません。

では、どうすればいいのでしょうか？

側坐核は、私たちがなんらかの行動を起こすことで刺激を受け、ドーパミンを放出します。「行動に着手」することで、はじめてスイッチがオンになるのです。

そうはいっても「すぐ動けないからこの本を読んでいるんだけど……」と、また不安になってしまう方もいるでしょう。でも大丈夫。

側坐核のスイッチを入れるために必要な行動は「ほんの少し」だけでもいいんです。

さらに、脳には「可塑性」という性質が備わっています。

可塑性とは、大きな変化は受け入れずに元に戻そうとする一方、小さな変化は受け入れるという脳の性質のことです。

つまり、いきなり大きく変わろうとせずに、小さなアクションから始めていけば、面倒くさがりで、変化を嫌う脳でも対応できるのです。

しかも、その小さなアクションは、「勉強のテキストを開く」「パソコンの電源をつける」といった本当に些細なことで問題ありません。これなら誰にでもできます。

物事を先延ばしにせず、「すぐやる人」になるためには、「とっかかり」、つまり行動に初速をつけることがポイントになります。

第1章では、この小さなアクションを活用して、行動に初速をつけ、すぐ動けるようになる方法を紹介していきましょう。

01

考えすぎて動けない人は、仮決め・仮行動でよしとする

こんな人にオススメ

- □ 完璧主義の人
- □ 計画を立てるだけで終わってしまう人

すぐやるコツ

たとえ仮でも、「今はこれ」と決めて動いてみる。

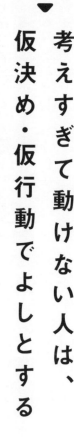

思うように動けない人の共通点の1つに「ちゃんと決めてから動きたい」「失敗しないようしっかり計画を立てたい」という心理があります。もちろん、何も考えず、準備もせずに行動しても成果が出ることは少ないでしょう。

一方で、考えることばかりに時間とエネルギーを注ぎ、それだけで終わってしまうこともよくあります。これでは本当にもったいない。

「しっかり計画を練ってから行動に移す」という考え方が、あなたを動けなくしている原因なのです。

すぐ行動できるようになるためには、「量」→「質」という順番を意識することが大切です。第一に、「行動量」を増やすこと。その後に「行動の質」を上げることがポイントです。

すぐ動けない人の大半は、この順番を守っていません。行動量を増やすという第一段階を無視して、いきなり行動の質を求めてしまうのです。

あるいは、量と質を同時に求めてしまい、身動きがとれなくなってしまう人もいます。

「すぐやる人」になりたいのであれば、「行動の質」は後まわしにして、「行動量」を増やすことを意識してください。

そんなときに力を発揮するのが**「仮決め・仮行動」**というスタンスです。

たとえば、筋トレを始めたいと思っているけれど、「ジムに通うのと、自宅でトレーニングするのとでは、どちらがいいか考えている」「トレーニングウェアやシューズを用意しなければ」などと迷っている人は、とりあえず今ある動きやすい服に着替えて、5回でも10回でもいいから腕立て伏せや腹筋をしてみる。

これが、仮決め・仮行動です。

こうして、とりあえずやってみると、「腕立て伏せが10回もできなかった」「筋を違えて痛みが出た」など、思ってもみなかった結果になるかもしれません。

あなたは、これを失敗だと思いますか?

これは失敗ではありません。行動して得られた成果です。

腕立て伏せが10回できないのなら、1日3回から始めるとか、膝をついた状態で始めるなど、自分に合った負荷のかけ方を知ることができたわけです。また、筋を違えてしまったのなら、やり方が間違っているわけですから、インストラクターがしっかり教えてくれるジムを探して通えばいいわけです。

仮決め・仮行動してみて、当初の期待や予想と違った成果が出た場合は、軌道修正をすればいいだけです。

一歩踏み出して行動することで、側坐核が刺激され、ドーパミンが出ますし、さまざまなリアクションや自分の肌感覚といったフィードバックが得られるため、今後どうするか決断しやすくなります。

慣れないうちは、躊躇することもあるかもしれませんが、一度試してみると、仮にうまくいかなくてもダメージが意外に小さいことがわかります。それをわかってしまえば、次は迷わず行動することができるようになります。

「考えすぎて何もできない」という負のスパイラルから抜け出すために、ぜひ仮決め・仮行動を実践してみてください。

ここがポイント

うまくいかないことは失敗ではなく「行動して得られた成果」と考えよう。

02

どうしても一歩踏み出せないときは、試しに10秒だけ動いてみる

SEC
せっかく用意したし
ちょっとやってみよう
ENGLISH

こんな人にオススメ

- ☐ 指示があればすぐ動ける人
- ☐ 絶対に失敗したくない人

すぐやるコツ

最初の一歩を「10秒でできる行動」にまで細分化する。

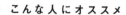

毎朝のランニングや資格試験の勉強など、新しく始めたいことがあるのに、どうしても一歩踏み出せない。前項でお伝えした「仮決め・仮行動」をしようと思っても、体が動いてくれない……。

そんなときに有効なのは、最初の一歩のハードルを極限まで下げてみることです。**具体的には、まず試しに10秒でできることから動いてみるのです。私はこれを「10秒アクション」と呼んでいます。**

10秒アクションとは、文字通り「10秒あればできる具体的行動」のことです。

たとえば、ランニングを始めたいのに、なかなか動けないのであれば、「最初の10秒はどんなことをするのか?」と考え、それだけを実行してみます。たとえば「シューズを履く」「ランニングウェアに着替える」といったことをとりあえずやってみるのです。勉強であれば、「テキストを開く」、早起きであれば、「前の晩にアラームをセットする」、面倒な仕事であれば、「使用するソフトを立ち上げる」といったイメージです。

たったこれだけのことでも、劇的な変化が訪れます。

なぜ、これが劇的な変化につながるのでしょうか。

たしかに、10秒でできるアクションは些細なことです。たとえば、地方に移住したいと思いつつ何も動けていないとします。この場合、10秒でできることは、「移住候補地をネットで調べる」とメモ書きしたり、実際に移住した知人や友人を書き出したりすることくらいです。

でも、10秒アクションの段階で失敗する人は誰もいません。「失敗しない」からこそ、その後の行動につながるわけです。

10秒着手してみてスムーズにいくのであれば、そのまま続けましょう。10秒アクションがきっかけとなってその後、勉強、ランニング、筋トレ、仕事、片づけなどが15分、30分続いたというのは、よくあることです。

この10秒アクションの効果は、脳科学的に証明されています。

前述の通り、人間の脳は生命維持のため、できるだけ変化を避け、現状を維持しようとする防衛本能が働いています。

一方で脳には「可塑性」という性質があり、ほんの少しずつであれば変化を受け入れると言われています。

つまり、10秒という小さなアクションであれば、脳は変化に対応できるのです。

また、10秒アクションという小さな一歩でも、側坐核を刺激する効果があります。

やる気が起きるのを待っていても永遠に行動することはできません。「まず動く」ことで、やる気は後からついてくるのです。

ここがポイント

「やる気」は天から降ってこない。

03

面倒なことは、前日にちょっとだけ手をつけておく

〈前日の帰宅時〉
領収証を一番
目立つ場所に！
〈翌日〉
サクサク
動ける

こんな人にオススメ

- □ 頭を使う仕事が多い人
- □ 着手に時間がかかる人

すぐやるコツ

事前に少し着手することで面倒くさがる脳に「未知」を「既知」だと思わせられる。

経費精算などの事務作業やトラブルの報告、勉強、部屋の片づけなど、つい先延ばししてしまう面倒なことを抱えていませんか。

こういったことを、先延ばしせずにやりきるためのポイントは前日にあります。

仕事なら前日の終業時、プライベートに関することなら就寝前に少しだけ着手したり、準備したりしておくのです。

たとえば、経費の精算なら前日の終業時に最初の1項目だけ入力したり、領収証をまとめて机の引き出しのいちばん目立つ場所に入れて退社する。

トラブルの報告なら、上司にアポイントだけとっておく。

資格試験の勉強なら、テキストを開いて、横に筆記用具を置いた状態で就寝する。

部屋の片づけなら、前日の夜に不要なものを2つ、3つ捨てたり、片づける予定の部屋を掃除しやすいように少しだけ整理しておく。

たったこれだけのことで、先延ばししがちなことに着手しやすくなります。

この方法は、頭を使う複雑な仕事や、これまで経験したことのない新規の案件に取り組む際にも効果を発揮します。

企画や戦略の立案なら、盛り込みたいことをメモ書きしておく、参考になる過去の資料を眺める、概要を書き込むための新規ファイルを作成して、デスクトップに保存しておくなどです。

「たったそれだけ？」と不思議に思うかもしれませんが、これには2つの理由があります。

1つめは、行動に対するハードルが下がるからです。

これは、先ほどお伝えした「10秒アクション」と同じで、ほんのちょっとでも行動することで、「未知」のことが苦手な脳に、この行動は「既知」であると思わせ、現状を維持しようとする脳の防衛本能に抗わずにすむようになるのです。

2つめは、物理的なアクセスタイムが短くなるからです。

事前準備が終わっている状態であれば、迷いなく動くことができます。「面倒くさいな」「やっぱり今日はやめておこうかな」などと余計なことを考える前に動けるため、先延ばしにしてしまうことが格段に減るのです。

さらにおまけとして、一度手をつけた後に睡眠を挟むことで、アイデアが深まったり、

新たなアイデアが出てくることもあります。

脳は、その日に見聞きした情報を寝ている間に整理します。その過程で、これまでストックされてきた情報・記憶が呼び起こされることがあり、それらが結びつくことによって思いもよらないアイデアが生まれることがあるのです。

前日にちょっとだけ手をつけておくことは、行動力の強化以外にもメリットがあります。簡単にできることですので、ぜひ実践してみてください。

ここがポイント

仕事終わりにひと手間かけるだけで、翌日の行動が大きく変わる！

04

同じ場所で同じことをする

考える仕事はカフェで
アポ取りは空いている会議室で
ルーチンワークは自席で

こんな人にオススメ

□ マルチタスクの処理に悩んでいる人

□ 会社や家が騒がしくて仕事がしづらい人

すぐやるコツ

まず、会社や家の近所で仕事がしやすい場所を探してみよう。

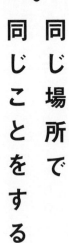

私はこの7年、自宅で執筆を行っていません。この本の原稿も、自宅近くの喫茶店で書いています。ちなみに、この喫茶店では執筆以外のことはいっさい行いません。

なぜ、これを徹底しているのかというと、執筆を先延ばしにしないためです。

私は現在、コーチングセッション、スクール運営、執筆の3つを主な仕事にしています。そのため、自宅のワークスペースには関連資料がたくさんあります。それらが目に入ると、気になってなかなか執筆に着手できず、つい先延ばしにしてしまうのです。

しかし、原稿の締め切りは待ってくれません。

そこで考えたのが、近所の喫茶店で執筆をすることなのです。

これには、きちんとした根拠があります。

同じ場所で同じ仕事をしていると、「喫茶店に行くと、執筆が進む」ということが徐々に脳に刷り込まれていきます。そして、同じ行動を続ければ続けるほど、その刷り込みが強化されていきます。

すると、喫茶店に着くとすぐ脳が執筆モードに切り替わるので、スムーズに着手できるようになるのです。

ちなみに、この喫茶店に行く際は、パソコンや関連資料など、執筆に必要なもの以外はいっさい持たないようにしています。執筆以外のことをできない状態にすることで、より集中することができるからです。

この効果を、心理学の世界では「アンカリング（条件付け）」と呼んでいます。

この条件反射状態をつくるためにも、行き当たりばったりではなく、「この場所では、この仕事をする」と決めて可能なかぎり実行してみましょう。

つい、先延ばししてしまう仕事、なかなか集中できない仕事は誰にでもあるものです。ですから、たとえば、「集中力が必要な企画系の仕事は、お気に入りのスタバでしかしない」「アポとりは使っていない会議室で行う」「ルーティンワークは自席で」などと決めてそのマイルールをできるだけ守るようにします。

もちろんこれは、テレワークをしている人も活用することができます。「家の中でも特に集中できる寝室の机では、企画の立案など頭を使う仕事だけをする」「ユーチューブを見てくつろぐのはソファー」「事務作業は食卓でやる」などと、家の中をいくつかのエリアに分けて考えればいいのです。

また、アンカリングの効果は、場所だけでなく「時間」にも有効です。ですから、「企画立案は、平日の午前中に会社の近所のカフェで行う」などと時間帯も決めることでより効果が上がります。

このように、「アンカリング」を活用して、場所と仕事を結びつけるだけで、つい先延ばしにしてしまいがちな仕事をスムーズに進めることができるようになるのです。

誰でも簡単にできるテクニックですので、ぜひ試してみてください。

ここがポイント

特定の仕事と場所を紐づけて、ルーティン化してみよう。

05

新たに習慣づけたいことは、すでに定着している習慣にくっつける

— こんな人にオススメ —

☐ 続けるのが苦手な人

☐ 新しいことに挑戦したい人

— すぐやるコツ —

「歯磨き」レベルで毎日していることをリストアップする。

アンカリングを活用できるシーンは、「場所」と「時間」だけではありません。勉強、読書、日記、ストレッチ、散歩、筋トレなど、習慣化したいけれどなかなかできない行動を習慣づけることにも役立ちます。

具体的には、「歯磨きをした後に→スクワット1回」「朝コーヒーを飲んだ後に→日記帳を開く」「通勤電車に乗ったら→本を開く」といったように、すでに習慣化していることの直後に、「新しく習慣化したいこと」をくっつけてしまえばいいのです。

新しい習慣をゼロから身につけるのではなく、すでに習慣化していることの勢いを借りて行動を開始できるのでうまくいきやすいのです。

ポイントは、すでに習慣化している行動の最後と、これから習慣化したいことの最初の行動を明確にすることです。 たとえば、単に「歯を磨いたらスクワットをする」とするのではなく、「歯ブラシを棚にしまったら、スクワットを1回する」といった具合です。

最初は違和感があるかもしれませんが、しばらく続けていくと歯磨き後に自然とスクワットしている状態になりますし、むしろ、しないと物足りなく感じるようになります。

ここがポイント

ゼロから習慣化する必要はないと知れば、行動のハードルは下がる。

06

なんとなく気乗りしないときは体を動かしてみよう

こんな人にオススメ

- ☐ 気分が沈みがちな人
- ☐ デスクワークが多い人

すぐやるコツ

「気乗りしないときに、どう体を動かすか」をあらかじめ決めておく。

今日中に仕上げなければならない出張報告書があるのに、なんだか気乗りしない。

Aさんは、うつむいて、ため息をつきました。

Bさんは、上を向いて、目を見開き「よし！」とガッツポーズしました。

さて、どちらが、より早く報告書作成に着手できると思いますか？

おそらく、Bさんと答える人が多いでしょう。その通りです。

「落ち込んでいる」「気分が沈んでいる」「鬱々としている」といった、テンションの低い状態よりも、「気分がいい」「気合いが入っている」「興奮状態」といった、テンションの高い状態のほうが動きやすいのです。

理由は、ここまで述べてきた通り、行動力の源になるドーパミンが出るからです。

実は、テンションはちょっとしたことで簡単に上げることができます。簡単に上げられるぶん、下がるのも早いのですが、「やらなければいけないことがあるのに気乗りしない」といったとき、一時的に気分を高揚させ、行動に初速をつけるのに有効です。

最も簡単にドーパミンを出し、テンションを上げる方法は、「エイ・エイ・オー！」などと叫びながら拳を突き上げることです。戦国時代の合戦でも行われていた方法です。ただ、これを会社などで行うのはかなりハードルが高いですよね。

でも、安心してください。ほんの少し体を動かすだけでも、ドーパミンを出すことができるのです。

たとえば、以下のような感じです。

・**背伸びをする**
・**座り直して姿勢をよくする**
・**肩を回す**
・**爪先立ちをする**
・**その場で軽くジャンプする**
・**自分の体の一部分をたたく（頬、肩、腕、太腿など）**

いかがでしょうか。これならいつでもどこでも簡単にできそうですよね。

テレワークなどでまわりに人がおらず、ある程度のスペースを確保できるのなら、30秒間高速で腿上げをするのもいいでしょう。

その他、社内を階段で移動したり、コーヒーを買いに行ったりすることも効果的です。ちなみに、コーヒーに含まれるカフェインも、ドーパミンの放出を促す効果が確認されています。

なんとなく気乗りしないときは、無理して気合いを入れるのではなく、ちょっと体を動かしてみる。これを習慣にするだけでも、行動力が大きく変わってきます。

ここがポイント

まずは自分でテンションを上げてみよう。

COLUMN

I

朝の時間の使い方を工夫して、1日に「初速」をつけよう

朝、家族と言い争った日は、仕事でもイライラしてしまう。
寝坊して、朝バタバタした日は、普段は気にならない些細なことでもカチンとくる。
「今日はお休みしたいな」という日は、同じ仕事でもいつも以上に疲れる。

こういった経験をしたことはありませんか。これには心理学的な理由があります。
これは、心理学で使われる言葉で、「気分一致効果」という言葉をご存じでしょうか。
気分がいいときは、物事のプラス面が見えやすくなり、気分が悪いときは、物事のマイナス面が見えやすくなるというものです。

つまり、1日のスタートを気分よく過ごすことさえできれば、日中何かトラブルが起こっても短時間で平常心を取り戻すことができますし、思考もポジティブになるので、物事や

人に対して柔軟に対応できるようになるのです。

朝の過ごし方は、1日の行動を決める重要な要素なのです。

朝起きてから仕事を始めるまでの間に、楽しみなことや自分をご機嫌にすることをルーティンとして組み込んでください。

「ゆっくりコーヒーを飲む」「朝ごはんに好きなものを食べる」「散歩をする」「ヨガやストレッチをする」「好きな曲を聴く」「瞑想をする」「掃除をする」など、なんでもかまいません。

ポイントは、「朝の時間に何をするか?」をあらかじめ決めておくこと。好きなことなので、日々のルーティンに組み込んでしまえば、簡単に習慣化できます。

さらに、起床後数時間は頭がフレッシュな状態なので集中しやすく、脳のゴールデンタイムとも言われています。余裕のあるときは、企画や戦略立案、勉強など、集中力を必要とすることに取り組むのもおすすめです。

また、会社に着いてからの行動もルーティン化することで、「気分一致効果」のメリットを享受することができます。

たとえば、いきなりメールのチェックを始めるのではなく、「机の上をサッと拭く」「ゴミ箱のゴミを捨てに行く」「コーヒーを淹れる」「大きく伸びをして深呼吸する」など、気分がよくなるちょっとしたことを習慣にするといいでしょう。

惰性で「下り」のエスカレーターに乗るのではなく、朝のルーティンを活用して「上り」のエスカレーターに乗って、気分よく1日をスタートさせることも、「すぐやる人」になるために有効なテクニックの1つです。

第2章

集中力が驚くほど続く！「行動ブレーキ」の外し方

集中力を奪う「行動ブレーキ」は、いたるところに潜んでいる

集中して仕事をしていたのに、人から話しかけられる。
やるべきことが多すぎて、どこから手をつけていいのかわからず思考停止してしまう。
予想外のトラブルが起こって、パニックになってしまう。

こんなことがあると、集中力を奪われ、思うように行動できなくなってしまいます。実は、私たちの日常には、このような「行動ブレーキ」がたくさん潜んでいます。

たとえば、今日、自宅から自転車で30分くらいかかる公園に行ってランニングをしようと考えていたとします。しかし、出発した直後、自転車のタイヤがパンクしてしまいました。これでは公園に行くことはできません。そこで、近所の自転車店に電話したところ、今日は臨時休業……。

結局、その日1日、ダラダラとテレビを見て過ごしました。

このように、予想外のトラブルが重なることも、行動を阻害する要因になります。
こういったとき、「行動ブレーキ」を外す方法は以下の2つです。

①原因を特定して、阻害要因を排除する

②目的にフォーカスすることで、阻害要因の影響を小さくする

先ほどの自転車の例で言えば、自転車店がお休みで、タイヤのパンクを修理できないのなら、バスや電車、タクシーなど、別の手段を使えばいいわけです。

これが、①の「原因を特定して、阻害要因を排除する」アプローチの具体例です。

では、②の「阻害要因の影響を小さくする」アプローチの場合はどうなるでしょうか？

まず、そもそも公園に行く目的はなんだったのか？　を思い出します。

目的は、ランニングすることだったはずです。

であれば、近所をランニングすれば目的を達成したことになります。また、ネットで近所のランニングできそうな公園を探すこともできます。

「なるほど」「たしかにその通り」と思う方もいるでしょうし、「そんなの当たり前じゃん」と思った方もいるでしょう。

でも、これが日々の行動や生活、仕事となると、どうでしょうか？

当たり前のことなのにできないのは、対処法を用意していないからです。知識として知っていても、それを使えるよう準備しておかなければ、役に立ちません。

「邪魔が入ったせいで最後まで終わらなかった」「時間がないからできない」「他にやらなければいけないことができた」「今日は疲れちゃったから無理」「別に今日やらなくてもいいか」などと、理由をつけて自ら行動を止めてしまっていませんか。

私たちの集中力を奪う「行動ブレーキ」は、方法さえ知っていれば、簡単に外すことができます。

この章では、私たちのまわりに潜む「行動ブレーキ」を外すためのシンプルかつ効果的な方法をお伝えしていきます。

07

机上のモノの定位置を明確に決める

こんな人にオススメ

- □ 探し物が多い人
- □ 机の上に今使わないモノが置いてある人

すぐやるコツ

最もよく使う5つのモノの定位置を決める。

せっかくやる気になったのに必要な本が見つからない。ハサミを探しているうちに未処理の書類が気になり、今やるべき仕事に着手できなかった。資料を探すのに手間取って企画書を作成する時間が減ってしまった……。

ビジネスパーソンは、年間150時間を探し物に費やしているというデータがあります。1カ月に20日働くとすると、1日平均37分30秒も、探し物に費やしている計算です。さらに、探し物によって、苛立ちや焦りなどで感情がかき乱されたり、集中力を奪われるため、行動を妨げる原因にもなります。モノを探す手間と時間を圧縮できれば、動きやすくなりますし、集中力を奪われることも減ります。ぜひ、机の上を整理整頓してください。

とはいえ、これも「ちゃんと」やろうとすると、なかなか手をつけられません。**ですから、まず、机上や引き出しにある文房具、書類などのなかで使用頻度の高いものから定位置を決めていきましょう。**使用頻度の高いモノだけならそれほど負担はかかりません。

また、単に片づけるだけだと、あっという間にリバウンドしてしまいますが、定位置を決めてしまえば、「使ったら元に戻す」だけなのでリバウンドを防ぐこともできます。

ここがポイント

「探し物に費やす時間がなくなればいい」と考え、いっきに全てを片づけようとしない。

08
月に1回、パソコンのデスクトップを整理しよう

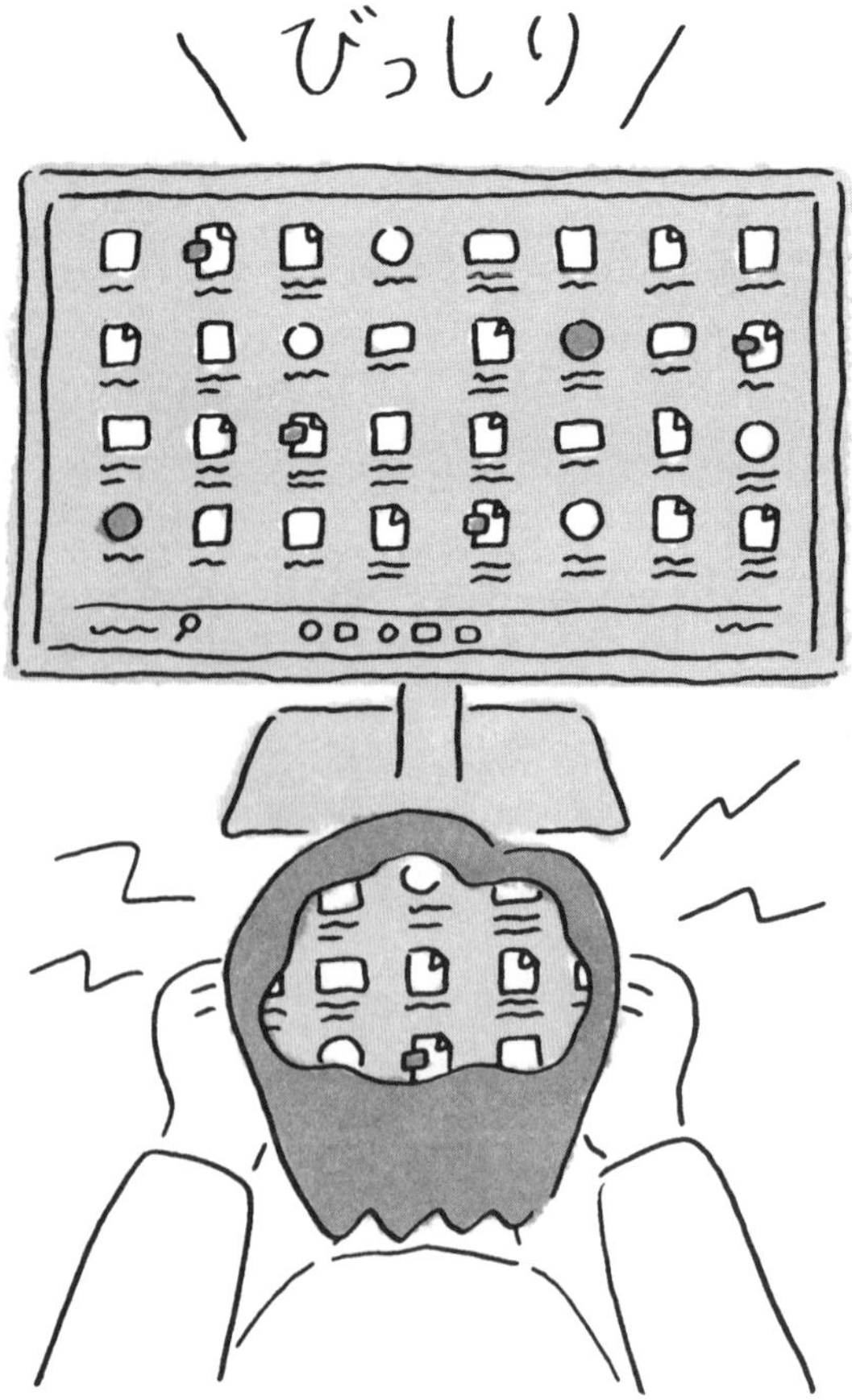

こんな人にオススメ

- ☐ パソコンのデスクトップがアイコンでいっぱいの人
- ☐ 必要なデータを探すのに時間がかかる人

すぐやるコツ

不要なファイルをいくつか削除してみよう。

モノだけではなく、データファイルが迷子になってしまうことも、集中力の喪失やイライラの原因になります。

作成途中の報告書や請求書、念のためのバックアップデータ、上書き前の書類、ダウンロードした資料やイメージ画像、いつダウンロードしたかわからないファイルなどで、パソコンのデスクトップが、ゴチャゴチャになっていませんか。

デスクトップが散らかっていると、視界に余計なものが入り、寄り道してしまったり、気が散ったりで、やるべきことになかなか着手できないことが増えます。さらに、パソコンのデスクトップが散らかっているときは、たいてい締め切りに追われ、時間にも気持ちにも余裕のないことが多いものです。こんなときは、気持ちも乱れていますので、さらに集中力が落ちてしまいます。

これは私見ですが、「なかなか動けなくて困っている」という人は、机上が乱れていることが多いだけでなく、パソコンのデスクトップがアイコンで埋め尽くされていて、何がどこにあるのかわからない状態になっていることが非常に多いのです。

デスクトップ上で必要なファイルを探している時間も、探し物同様、1年間に換算すると、かなりの時間を費やしているはずです。

パソコンのデスクトップも机と同じように整理しておきましょう。

整理の方法は次の通りです。

まず、月に一度、デスクトップを整理する日を設定します。月末や月初など、やる日を決めてカレンダーやスケジュール帳に書き込んでおきましょう。

そして、不要なファイルやフォルダを削除します、削除が終わったら、次の5つのフォルダをつくります。

①保存・参照用
②完了（今後使用する可能性は低いが、今すぐ捨てられないもの）
③今週必要なもの
④今週は手をつけないが、現在とりかかり中のもの
⑤①〜④に該当しないもの

このうち、③の「今週必要なもの」だけを、デスクトップに置き、残りの4つは、「パソコン内のDドライブ」「外付けのハードディスク」「クラウド上」など、デスクトップ以外の場所に置きます。これらは、バックアップのため、2カ所に保存しましょう。

ポイントは、⑤の「①〜④に該当しないもの」です。

このフォルダには、削除はできないけれど、①〜④に該当しないファイルやフォルダを入れます。月に一度デスクトップを整理する際に、「2021年11月」など「年月」をタイトルにしたフォルダをつくり、そこに該当するファイルやフォルダを全部移動させ、⑤のフォルダに格納しましょう。

こうして月ごとにまとめておくことで、フォルダ内にあるデータが必要になったときにも見つけやすくなります。

実際、デスクトップを整理するだけで、集中力は格段に上がります。月1回、数十分もあればできますので、ぜひ試してみてください。

ここがポイント

今使わないファイルは、デスクトップ以外の場所に移動させよう。

09

仕事を中断されたら、再開時にやることをメモしておく

ちょっといい？
今すぐ○○さんにメール
何ですか？
ペタ

こんな人にオススメ

- □ 来客や電話が多い人
- □ サクッと仕事に集中したい人

すぐやるコツ

専用の付箋を用意しておく。

仕事に集中しているときにかぎって話しかけられる。
忙しいときにかぎって、急な来客や電話で作業の中断を余儀なくされる。
昼休みを終えると、なかなか仕事に集中できない。

集中力は、一度途切れると、なかなか元には戻らないものです。作業を再開しようと思っても、ついネットニュースを見てしまったり、メールがきていないか確認してしまったり……。こんな経験がある人も多いのではないでしょうか？

実は、中断した仕事を、スムーズに再開するにはコツがあります。

それは、再開後、最初にとりかかる仕事をあらかじめメモしておくことです。こんな簡単なことで、作業再開時に集中力を瞬時に取り戻すことができるのです。

これには理由があります。私たちが一度作業を中断されると、すぐに集中することができないのは、「再開後に何をするか？」が不明確だからなのです。

特にオフィスワーカーは、1つの作業だけをやり続けることは稀で、多くの人が同時並行で行わなければならない仕事をいくつも抱えています。そのため、一度作業が中断されると「何から再開するか？」と迷ってしまうのです。

その迷いが、集中力の欠如につながるわけです。

逆に言えば、たとえ中断されても、「再開時に○○をする」という明確なコマンドをあらかじめ決めておけば、迷うことなく作業に戻れる確率が高まります。

なんらかの理由で仕事を中断されてしまったら、再開時にやることをメモに残しておけばいいのです。

私はこのメモのことを**「10秒コマンドメモ」**と呼んでいます。

「10秒コマンドメモ」の効能は脳科学的にも証明されています。このメモに従って動くことで、「側坐核」を刺激することができるからです。

前述の通り、側坐核を刺激し、ドーパミンを出すコツは「まず動く」ことです。これは中断された作業を再開するときも同じなのです。

ちなみに、このメモの書き方にはコツがあります。

「今すぐ机上の書類を見る」
「今すぐAさんにメールを返信する」
「今すぐ○○ページを読む」

といったように、「今すぐ〇〇する」という型で書くのです。すると、一度中断したとしてもスムーズに仕事や作業を再開しやすくなります。

なお、「10秒コマンドメモ」はパソコンのマウスの上やディスプレイなど、戻ってきたときにすぐ目につくところに貼るのがおすすめです。

普段パソコンを使わない方であれば、机や作業台の真ん中、デスクマットなど、わかりやすいところにメモを残すようにしましょう。

ここがポイント

迷いをなくすために「10秒コマンドメモ」は1つだけ用意するようにしよう。

10

毎日の仕事終わりに、明日どんなことをするかイメージしてメモする

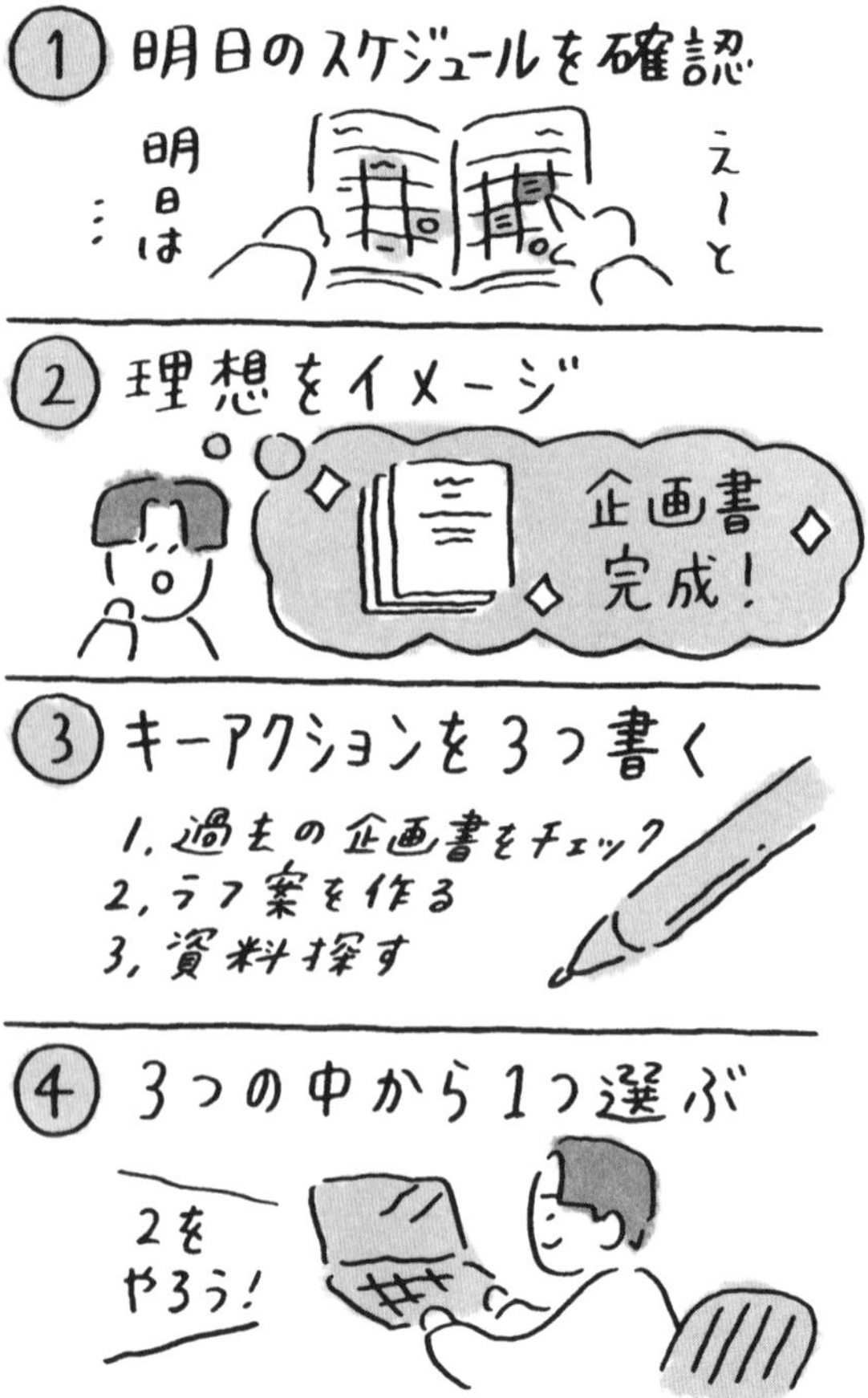

① 明日のスケジュールを確認
明日は
えーと
② 理想をイメージ
企画書完成!
③ キーアクションを3つ書く
1, 過去の企画書をチェック
2, ラフ案を作る
3, 資料探す
④ 3つの中から1つ選ぶ
2をやろう!

こんな人にオススメ

- □ 仕事にとりかかるまでに時間がかかる人
- □ 朝もたつくと、その日1日引きずってしまう人

すぐやるコツ

終業時に「明日の朝一でやること」を仮決めする。

朝出社してから、仕事が乗ってくるまでに時間がかかるときって、ありませんか。「さて、今日は何から取り組もうか?」「そういえば、今日が締め切りの案件があった」「昨日やり途中だった案件、どうしよう」などと迷っているうちに、気がついたら30分も過ぎていた、なんてこともあるのではないでしょうか。

なぜ、着手に時間がかかるかといえば、何をするかが明確に決まっていないからです。頭の中で迷ったり考えたりしているうちに、時間が経ってしまうのです。

それを回避するためには、前日のうちに翌日の朝一番にすることを決めて、メモしておくことが有効です。私はこれを**「朝一コマンドメモ」**と呼んでいます。

1日の仕事を終えるときは、疲れてはいても仕事モードがまだ残っている状態です。その状態で、スケジュールを確認して明日1日の流れをシミュレーションします。

そのうえで、明日のキーアクションを3つ決めておきます。

こうしておけば、翌朝の仕事始めは、3つのキーアクションの中から1つ選んで実行するだけになるのでスムーズです。

具体的には、

・ステップ1：仕事終わりに、「明日のスケジュール」を確認する
・ステップ2：「明日の仕事のゴール」を決める
・ステップ3：そのゴールを実現するための「キーアクション」を3つ仮決めする
・ステップ4：翌日の仕事始めは、3つのキーアクションから1つ選んで、まず着手する

ステップ1では、明日すべきこと、取り組みたいこと、会議、打ち合わせ、締め切りなどの確認をします。

ステップ2では、「明日の仕事のゴールは？」「明日を最高の1日にするために、本当はどうしたい？」と自らに問いかけます。

たとえば、企画書を完成させる、契約を1件確定させる、懸案事項を片づける、部下とのコミュニケーションをしっかりとるなど、状況によって出てくる答えは変わってくるでしょう。

ステップ3では、ステップ2を実現するためのキーアクションを3つ決め、メモしておきます。

たとえば、ずっと先延ばしにしていた企画書を完成させることが明日の最高のアウト

プットだとしたら、「過去の参考になる企画書を読む」「ラフ案を15分でつくる」「参考になる資料を探す」などです。

ここまでしておけば、翌朝スムーズに仕事に着手することができます。これらの3ステップは、仕事終わりであれば数分でできます。

そして翌朝、ステップ4の「翌日の仕事始めは3つのキーアクションから1つ選んで、まず着手する」から始めればいいわけです。

あらかじめすることが決まっていれば、迷うことなく着手できます。

もし、それでうまく動けなかったら、残り2つのうちどちらかに着手すればいいのです。

あらかじめ、複数のアクションプランを用意しておくことで、1つうまくいかなかったから仕事が止まってしまったということを防ぐことができます。

ここがポイント

明日の仕事の良し悪しは、前日のちょっとした準備で決まる。

11

あれもこれも気になって集中できないときは、紙に書き出す

こんな人にオススメ

- □ やるべきことが多い人
- □ いろいろなことが気になって集中できない人

すぐやるコツ

気になることがあったら、紙に書き出すクセをつける。

メールの返信、提出期限の迫っている書類の作成、体調、週末のイベント、子どもの受験、ローンの支払い、応援しているチームの試合結果、日々のニュースなど、さまざまなことが気になって、今やるべきことに集中できないことはありませんか。

「マルチタスク」という言葉がありますが、厳密に言えば人は一度に1つのことしか考えられません。懸案事項で頭がいっぱいになってしまうと、目の前のことに集中できなくなってしまうのが普通です。

こんなときは、自分が気になっていることを全部書き出してみましょう。

頭の中のゴチャゴチャは、そのままだと処理するのが難しいのですが、「見える化」すると驚くほど扱いやすくなります。

手順としては、次の2ステップです。

・ステップ1：「気になっていること」を思いつくままに紙に書き出す
・ステップ2：書き出した紙を眺め、1つずつ対策をメモする

たとえば……、

・来月のランチの予約→今週中にリサーチして候補を3つ選ぶ
・メールの返信を忘れていた→午後にまとめて返信する
・ローンの支払い→銀行口座の残高を確認する
・会議室の予約→午後のメール返信前に予約する
・体調が今ひとつすぐれない→今日は22時までにベッドに入る
・ニュースが気になる→昼休みにスマホで確認する

気になっていることを文字として書き出すと、頭の中だけで抽象的に考えていたことが可視化されるので、思考の整理ができて驚くほど頭がスッキリします。

さらに、自分が書いたメモを眺めることで、自分の思考・感情・状況・行動を客観的に分析することができるようになります。

これを、心理学の世界では**「メタ認知」**と言います。メタ認知とは、自分が物事を認知していることを、客観的に認知している状態のことです。簡単に言うと、「自分が知っていること、知らないことを把握している」と言えばいいでしょうか。

「自分が知っていること、知らないことを把握している」と聞くと、当たり前のことのように聞こえますが、私たちはなかなか自分を客観視できないものです。

しかし、こうやって**頭の中の懸案事項を書き出すことで、自分の思考や行動を俯瞰することができるので、問題解決力が上がります。自分をメタ認知できるようになると、対応策も簡単に見つけられることが多いのです。**

この状況をつくり出すことができれば、常に頭をスッキリした状態に保つことができ、スムーズに行動に着手しやすくなるのです。

ここがポイント

自分の頭の中を「見える化」すると、思考がクリアになる。

12

くじけそうなときは個別・限定的に捉える

こんな人にオススメ

- □ 失敗から立ち直るのに時間がかかる人
- □ 結果が出ないとすぐに落ち込んでしまう人

すぐやるコツ

「結果」ではなく「行動」にフォーカスしてみる。

渾身のプレゼンをしたのに成約に至らず失注、気合いを入れて始めた筋トレが三日坊主に終わったなど、せっかく挑戦したのに成果が得られないと、がっかり落ち込んで、その後の行動が消極的になってしまうことがあります。しかし、そのたびに消極的になっていては、すぐ動けるようにはなれません。

人は、うまくいかないときには「この不調が永遠に続く」、うまくいったときには「一時的な幸運に違いない」と考えがちです。でも、本来は逆の発想をしたほうがいいのです。

たとえば、筋トレが三日坊主で終わってしまった場合に、「私はいつも続かない」「きっと次も続かない」と一般的に捉えるのと、**「今回は続かなかったけれど、次は別の話」**と限定的に捉えるのとでは、どちらが次の行動につながるでしょうか。当然後者です。

うまくいかずくじけそうなときは、物事を個別・限定的に捉えるようにしましょう。

「結果」はコントロールできませんが、「行動」はコントロールできます。結果ではなく、自分でコントロール可能な「今できる行動」にフォーカスしましょう。

ここがポイント

うまくいったことは一般化し、うまくいかなかったことは限定的に捉える。

13

プレッシャーがきついときは、1分間目を閉じて情報を遮断する

こんな人にオススメ

- □ 本番に弱い人
- □ 肩に力が入りやすい人

すぐやるコツ

自分の今の心理状態を意識してみる。

はじめてのことなのに失敗が許されないうえ、参考になる前例や情報も少なく、相談相手も味方もいない……。こんな状況に置かれたら、誰でも不安、焦り、プレッシャーなどから過度の緊張状態になり、思考停止や行動停止に陥ってしまいます。

ここまでではなくても、「うまくいくか不安」「失敗しないだろうか」など、つい先のことを考えてしまう心配性の人は、過緊張状態にある場合が多いのが現実です。

このように、過緊張になると、パソコンがフリーズしたように、なかなか動くことができなくなり、つい物事を先延ばししてしまうことが増えます。常に緊張している人は、意識的に緊張を緩めてあげることで、いい結果に結びつけることができます。

緊張を緩めるための最も簡単で効果的な方法は、「1分間目を閉じること」です。目からの情報を遮断するだけで、脳への負担を劇的に減らし、緊張度を緩めることができます。「人間の脳が視覚から得る情報は83％」という研究データもあるほど、目からの情報は脳に負担をかけているからです。

他には、深呼吸やお気に入りのドリンクを飲むといったことも効果的です。

ここがポイント

緊張の度合いは、自分である程度コントロールできると覚えておこう。

14

気が緩みすぎたら、自分に適度なプレッシャーをかける

こんな人にオススメ

- □ テレワークでダラけぎみの人
- □ つい自分を甘やかしてしまう人

すぐやるコツ

気が緩みすぎたら、「自分に期待してくれている人」の顔を思い浮かべる。

先ほど、「過緊張は行動を妨げる」と書きましたが、逆に気が緩みすぎている状態も行動にブレーキをかける原因になります。

たとえば、単純作業でノルマもなく、うまくいかなくても人に迷惑をかけないといった場合は、物事を先延ばしにしてしまいがちです。また、テレワークなど周囲に他人がいない状況下だと、気が緩みすぎてダラけてしまう人もいます。

こんなときは、「適度な緊張」をつくり出すことが必要です。**適度な緊張をつくり出すのに最も有効なのは「自分は人から期待されている」という感覚を持つことです。**

心理学の世界に「ピグマリオン効果」というものがあります。これは、「この人はすごい」「きっと成功する」といった期待をかけ、注目されると、期待通りの成果を出すという傾向のことです。**実は、この「期待」や「注目」は自分で思い込むだけでも効果があることが証明されています。**つまり、「自分は周囲から期待され、注目されている」と思い込むことで、適度なプレッシャーと緊張が生まれ、スムーズに行動できるようになるのです。嘘みたいな話ですが、事実です。ぜひ、試してみてください。

ここがポイント

時には自分にプレッシャーをかけることも必要。

15

自分との約束にも「締め切り」を設定する

こんな人にオススメ

□ ギリギリにならないと動けない人

□ つい自分のことを後まわしにしてしまう人

すぐやるコツ

「自分で決めた締め切り」は「VIPとの約束」と考える。

気の緩みすぎを解消するには、自分で「締め切り」を設定することも効果的です。もしかすると「締め切り効果という言葉を聞いたことがあるけれど、自分で締め切りを設定しても甘えが出て守れないのでは」と思う人もいるかもしれません。

たしかに、仕事など他人に迷惑がかかることは、締め切りを守れるのに、自分で自分に課した締め切りは後まわしにしてしまいがちです。**これは、自分で決めた締め切りをスケジュール帳に書き込むなど、具体化していないからです。**

自分で締め切りを決めたということは、「自分と約束した」ということです。「大切な人」との約束は、真っ先にスケジュール帳に書き込み、多少無理をしてでも守ることでしょう。もし仮に約束を守れなかったとしても、迷惑がかからないよう、すぐに代替案を考えて実行するはずです。よく考えてみれば、私たちにとって自分自身も「大切な人」です。ですから、自分との約束も、他人との約束とまったく同じように最優先事項として真っ先にスケジュールに書き込んで死守しましょう。

ここがポイント

自分との約束も最優先事項として扱ってみよう。

16

プランを複数用意して、「想定外」をなくす

〈プランA〉土曜日の日中に片づける
〈プランB〉土曜日の夜中に片づける
〈プランC〉日曜日朝5時から片づける
ふあ～

こんな人にオススメ

- □ トラブルが起こると慌ててしまう人
- □ 「計画倒れ」になることが多い人

すぐやるコツ

計画通りにいかないことを想定して対策を立てておく。

「週末に、部屋の片づけをしよう」と考えていたのに、急な仕事が入ってできなかった。「今週中にレポートを仕上げる！」と決めていたのに、体調不良で終わらなかった。

自分で締め切りを決めて、それに向けて動いても、うまくいかないことがあります。

これは、あなたの能力ではなく、プランニングの方法に問題があります。

30分後、1時間後など、短い期間の締め切りは別として、1週間後、1カ月後など、比較的長いスパンで締め切りを設定した場合、計画通りにいくことのほうが稀です。

ですから、想定外を織り込んだプランを複数用意しておくのです。

片づけの例で言えば、「プランA：土曜日の日中に片づける」「プランB：（土曜日の日中にできない場合を想定して）土曜日の夜中に片づける」「プランC（土曜日が丸々使えない場合を想定して）日曜日の朝5時に起きて片づける」「プランD（全てのプランが崩れた場合を想定して）日曜日の15時以降は、絶対に予定を入れない」といった具合です。

このように、あらかじめ複数のプランを立てておくことで、想定外のことが起きても「予定通り」に事を運ぶことができます。

ここがポイント

代替案は、1つではなく必ず複数用意しておこう。

17

どうしても動けないときは、最悪の状況を具体化する

こんな人にオススメ	すぐやるコツ
□ いつもギリギリにならないと動けない人 □ 見積もりが甘い人	今すぐやらないことで増える「リスク」を書き出す。

極端に言うと、人が行動する理由は、2つしかありません。それは、「苦痛回避」と「快追求」です。

苦痛回避とは、イヤなことを避けるための行動です。「辛い、苦しい、痛い、恥ずかしい」といったことを避けるために行動します。その最たるものが、いわゆる「火事場のバカ力」です。

一方、快追求は「ほしい」という欲求です。ほしい結果を得る、夢や目標を実現する、あるいは「楽しい、うれしい、気分がいい」という感情を得るために行動します。

あなたは普段、苦痛回避と快追求、どちらの行動スイッチを使っていますか？

簡単にわかる方法をご紹介します。

まずは、半年先でも3年先でもいいので、「未来のこと」を考えてみてください。未来について考えると、ワクワクする人は快追求型です。これに対して、未来のことを考えるとワクワクよりも不安や焦りが出てしまい、落ち込む傾向にある人は苦痛回避型です。

これは、その人の個性ですので、どちらがいい、悪いというものではありません。まずは自分の「行動スイッチ」が入りやすいのはどちらかを知ることが大事です。

それを知ったうえでそれぞれのスイッチの入れ方を身につければ、行動に移すことができます。

まずは「苦痛回避」のスイッチを入れるコツを紹介します。

たとえば、仕事のトラブルの報告。すぐに上司に報告したほうが、気持ちもスッキリします。また、報告の早さや対応が評価されることもあるでしょう。「でも、言いづらいし、面倒くさいし」となって、なかなか行動に移せないものです。

この状態は、「今すぐ報告すればスッキリする」という快追求では行動できないということです。

そんなときは、目の前の「快追求」よりも強烈な、「今すぐやらないことによる未来の苦痛」を明確化してみてください。

たとえば、次のように紙に書き出すといいでしょう。

- **報告が遅れ、トラブルがより大きくなる**
- **トラブルが大きくなって会社に多大な損失をもたらす**

・お客さんからの信頼を失う
・その結果、上司に大目玉を食らう

など、未来に待ち受ける苦痛の悲惨さ、ひどさが具体的になればなるほど、「こうはなりたくない」「それだけは避けたい」と苦痛回避の行動スイッチが入ります。

このように、自分に起こる不利益を明確化することによって「苦痛回避」のスイッチを入れ、行動につなげることができるのです。

ここがポイント

苦痛回避のスイッチは使いすぎ注意。本当に必要なときだけ活用しよう。

18 ご褒美を設定して自分を動かす

こんな人にオススメ

□「イヤイヤやっていること」が多い人

□ 義務感や責任感で動いている人

すぐやるコツ

自分にプレゼントしたい「ご褒美リスト」をつくろう。

前項では、「苦痛回避型」の行動スイッチの入れ方について解説しました。

とはいえ、ずっとこのスイッチだけを使っていると、楽しくないので頭も心も体もすり減ってしまいます。

特に、「しなければならない」「やるべき」といった義務感や責任感だけで行動していると疲弊してしまいます。

こんなときは、「快追求」の行動スイッチを起動して、ワクワクしながら行動することが必要です。

普段「苦痛回避」の行動スイッチばかり使っている方は、まず「最高のアウトプット」をイメージすることから始めてみてください。

最高のアウトプットとは、今自分がとりかかろうとしている仕事が最高にうまくいっている場面を想像することです。自分の笑顔だけでなく、同僚、上司、部下、お客さん、家族、友人など、まわりの人の笑顔を思い浮かべるのも効果的です。

先延ばしにしていた部屋の片づけなら、きれいになった部屋でくつろいでいる自分を想像する、友人や恋人を家に招いて、食事をしている場面を想像するなどもいいでしょう。

資格試験の勉強なら、試験に合格して転職に成功した、昇進したなどの場面をイメージします。

このようにあらかじめ行動のゴールをイメージすることを、コーチングの世界では、「メンタルリハーサル」と呼んでいます。

メンタルリハーサルをすることで、「こうなりたい！」という「快追求」の行動スイッチがオンになり、義務感からではなく、より主体的かつスムーズにとりかかれるようになるのです。

とはいえ、「苦痛回避型」の思考をする人は、これだけでは行動スイッチが入らない可能性があります。

そんなときは、自分に「ご褒美」をプレゼントしましょう。

たとえば、

- **仕事が終わったら、キンキンに冷えたビールを飲む！**
- **今日こそ早く帰宅して、自宅で夕ご飯を食べる！**
- **ずっと気になっていた映画を観に行く！**

・今日頑張ったら、普段我慢しているスイーツを食べる！

など、なんでもかまいません。

自分へのご褒美は、仕事と直接関係ないことでも「快追求」の行動スイッチをオンにする効果があります。

ここがポイント

ご褒美は、あまりお金のかからないものを用意して、回数を増やそう。

COLUMN

2

「音」と「姿勢」に意識を向けてみる

突然ですが、いつも心がけていることってありますか？

私にはあります。これをすると私の場合、自分が整っていくので、フットワークが軽くなるのです。

それは、「自分が出す音」と「姿勢」を整えること。

先日、出先で時間ができたので、前から気になっていたカフェに寄ってみました。温かいロイヤルミルクティーを飲んでホッコリしていると、厨房から「ガチャガチャ！」「ドン！」という音が頻繁に聞こえてきて、だんだん落ち着かなくなって、早々に店を後にしました。

私たちも、忙しかったり、イライラしているとき、1つひとつの行動が雑になりがちです。

すると、冒頭のカフェのように「バタン！」「バン！」という音を轟かせることになります。**音は波動ですので、私たちの心身の状態に直接影響を及ぼします。それが、自分の出したものであっても、乱れた音がすると、焦りやイライラが増幅してしまうのです。**

ですから、普段から自分の出す音に意識を向け、整えるようにしてみてください。

たとえば、「ドアや引き出しの開け閉めをゆっくりやってみる」「筆記用具や仕事道具をていねいに扱ってみる」「かばんやモノをそっと置いてみる」「ソフトタッチでタイピングしてみる」など。

心地よい音を出せるようになると、心が穏やかになり余裕も生まれてきます。

もう1つは姿勢です。

実は、姿勢と心の状態はリンクしています。その結果、行動に差が出るのです。

「うつむきがち」「猫背」「肩が縮こまっている」こんな状態では、なかなかスムーズに着手することができません。

思い当たる人は、試しにおなかにグッと力を入れて凹ませて、両肩をストンと落とし、目線をちょっとだけ上にしてみてください。

いかがでしょうか。こちらの姿勢のほうが、動ける気がしませんか？

これには2つの理由があります。

1つめは、姿勢がよくなることで脊髄の神経回路の伝達がスムーズになることです。脊髄には重要な神経が集まっており、第二の脳とも言われています。姿勢がよくなることで、神経伝達がスムーズになるわけです。

2つめは、気管の通りがよくなり呼吸が深くなることです。その結果、血液の循環がよくなって、脳へ供給される酸素量が増え、集中力が向上するのです。

ですから、普段から自分の姿勢に注目し、もし姿勢が縮こまってきたら、おなかにグッと力を入れて凹ませてみましょう。

これだけでも、スムーズに動けるようになります。

第3章

感情に左右されない！行動マインドのつくり方

すぐやる人と、
先延ばしをする人の間に
能力や性格の差はない。
あるのは、
物事の捉え方の違いだけ。

実は、「すぐやる人」と、つい先延ばししてしまう人との間に、能力や性格についての差はそれほどありません。

しかし、物事に対する考え方や姿勢、受け止め方、自分とのつき合い方には、大きな差があります。

「全てのものは二度つくられる」

これは、『7つの習慣』（キングベアー出版）の著者として有名な、スティーブン・R・コヴィー博士の言葉です。

わかりやすく言えば、全ての物事は、まず頭の中でつくられた後に、実際に形のあるものになる、つまり、どんなことでも「知的創造」と「物質的創造」の2つのプロセスを経るという意味です。

たとえば、建物を建てるときに、いきなり柱を立てる人はいません。まず、どんな建物を建てたいかをイメージして設計図を書き、それにもとづいて建物を建築します。

これは、建築にかぎったことではありません。旅行であれば、計画を立ててから、現地に行くはずです。

仕事も勉強も、ある程度の計画を立ててから実行します。スポーツ選手もイメージトレーニングとして、うまくいく状態を頭の中で想像してから取り組むと、体を動かしやすくなります。

つまり、全ての行動は、事前に頭の中でイメージしてから行われているのです。

「すぐやる人」と、つい先延ばしにしてしまう人は、ここに大きな違いがあります。

「すぐやる人」は、「私にはできる・できた！」というポジティブなゴールイメージを自然と描いていることが多く、結果的にイメージの力をうまく使っています。

一方、つい先延ばしにしてしまう人は、「できない」「難しい」「失敗したらどうしよう」というネガティブなイメージを描いていることが多いのです。

「あと10歳若ければ」「時間さえあればできるのに」「お金に余裕があればなぁ」「あのとき、もっと勉強しておけばよかった」という考えも同じです。

できないイメージを描いたとたん、私たちの脳は、やらない理由、すぐ動かないことを正当化する理由を無意識に探し始めます。こうなると、よほどの目的があったり、鋼のメンタルの持ち主でなければ、動くことはできません。

このように、ネガティブイメージは、行動を阻害する大きな要因になるのです。

こう考えると、「すぐやる人」になるためには、「できる」、さらに言えば、より具体的な「できた！」というポジティブイメージを持つことが重要だとわかります。その結果、「できるか・できないか」ではなく、「どうしたらできるか」「どうしたらよりよくなるか」といった点に意識が向くようになるので、物事が前に進むようになるのです。

ここまで読んで、「それは、その人の性格によるのでは？」「私はネガティブ思考だから無理」と思った人もいることでしょう。しかし、冒頭で書いた通り、**これは性格や能力の問題ではありません。物事の見方を少し変えるだけでも、自分の持つイメージをネガティブからポジティブに変換していくことは可能です。**

本章では、その方法についてお伝えしていきます。

19

結果に振り回されそうなときは、「打率」で考える

こんな人にオススメ

- ☐ 結果に一喜一憂しがちな人
- ☐ 目の前のことばかり考えてしまう人

すぐやるコツ

過去3カ月の成果を振り返ってみる。

結果や成果に一喜一憂しすぎていませんか。好調なときはいいのですが、不調のときは結果や成果にこだわりすぎると、あきらめたり、落ち込んだりして行動が止まってしまいます。そんなときは、「打率」で考える癖をつけましょう。

プロ野球の平均的な打率は2割5分程度で、3割を超えると一流と言われています。結果が出ないとすぐ落ち込んでしまう人は、8割打とうとしていませんか？

仕事でもプライベートでも、5回に1回ヒットを打てれば、残りは三振やゴロでもいいと考えてみる。つまり、自分が行動したことについて5回に1回思い通りになっていれば十分だし、3回に1回思い通りにいくのであればプロ並みにすごいと考えてみるのです。

コツは、1週間、1カ月、半年といった期間で物事を考えることです。一定期間の結果、成果の打率をチェックすることで、冷静に次の一手を考えられるようになります。

このように、自分のことを広い視野で、全体を見ることを「**俯瞰**」と言います。この俯瞰の視点を身につけることで、目の前の結果、成果に一喜一憂することなく、行動を積み重ねていくことができるのです。

ここがポイント

5回に1回ヒットを打てればＯＫと捉えて、毎日バッターボックスに立つ。

20

何をしてもうまくいかないときは、物差しのメモリを小さくする

こんな人にオススメ

- □ 落ち込みやすい人
- □ 最近ずっと調子が悪い人

すぐやるコツ

自分の行動に対して「部分点」をあげていく。

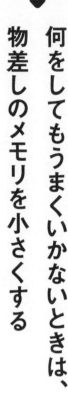

気分が落ち込みやすい人の大半は、たった1つの基準で考えています。**それは、「当初の予定や目標通り、事が進んだか・進まなかったか」です。**

物事が想定通り100%うまくいくことは、ほぼありません。逆に100%うまくいかないこともありません。しかし、この基準だけで物事を考えてしまうと、「0か100」「○か×」という二者択一の評価しかできなくなってしまいます。

物差しのメモリが大きすぎて、部分点が入らないのです。するど、「70%はうまくいっているのに、できていない30%に注目し完璧にできない自分を責めてしまう」「まだやれることがあるのに、あきらめてしまう」といったことが起こります。

心当たりのある人は、物差しのメモリをできるかぎり小さくすることで、小さな変化、成果、結果に気づくクセをつけましょう。

たとえば、「企画は通らなかったけど、田中部長は面白いと言ってくれた」「また禁煙に失敗したけど、今回は1週間続いた」など、些細な成果でかまいません。これに気づけるかどうかで、その先の行動が大きく変わります。

ここが
ポイント

絶不調のときは、
意識的にポジティブに振り返ろう。

21

「できていないこと」ではなく、「できていること」に注目する

少ししかできなかった……
できるメガネ
勉強した！
忙しくても

こんな人にオススメ

- □ 自己肯定感が低めの人
- □ 完璧主義の人

すぐやるコツ

「できていること」を文字化してみよう。

ダイエットで間食を制限していたのに、我慢できずにスイーツを食べてしまった。
寝る前の1時間は勉強すると決めていたのに、疲れて寝てしまった。

こんなことがあると、つい「どうして自分はできないんだろう」と、自分にダメ出しや批判をしてしまいがちです。こうして自分を追い込めば追い込むほど、徐々に自信や希望、エネルギーが失われていきます。こうなると、全てがイヤになって投げ出したくなってしまいます。

この負のスパイラルから抜け出すには、どうしたらいいのでしょうか?

誰でもすぐに実践できて、効果抜群な方法があります。

それは、「できていること」を書き出すこと。どんなに些細なことでもいいので、「できている」ことを紙に書き出してみてください。

物事を「できないメガネ」で見るのではなく、「できるメガネ」で見るようにするのです。

そこで気づいた「できた!」が、「次もできそう!」につながっていくのです。

たとえば、毎朝5時に起きると決めていたのに、二度寝して6時に起きたとします。「できないメガネ」で見ている人は、「早起きに失敗した」「自分は意志が弱い」と捉えます。

一方で、「できるメガネ」で見ている人は、「これまでよりは30分早く起きられた」「ちょっとずつ早起きできるようになっている」と捉えます。

どちらの捉え方をしたほうが、明日の早起きにつながりやすいでしょうか？

もちろん後者です。

このように、少しでもできたことを紙に書くことで、小さな成長をより具体的に意識することができます。

ポイントは、たとえ完璧にできていなくても部分点をあげていくこと。

禁煙に挑戦している人が、我慢できずに1本吸ってしまったとします。完璧主義の人は、このつまずきをきっかけに、「私は意志が弱いから、禁煙は無理なんだ」と、禁煙への挑戦そのものをやめてしまうことがあります。

逆に、「これまで1日1箱吸っていたんだから、1本くらいならまあいいか」と捉えることができる人は、失敗を繰り返しながらも、着実に1日の本数を減らし、禁煙達成へと近づいていきます。

私はこれまで、多くのクライアントさんをサポートしてきました。その経験からわかったのは、**「自分が当たり前にできることを低く見積もる」傾向があるということです。**つまり、自信を失っていると、できていることに気づきづらくなるのです。

どんなにダメダメに思えるときでも、本当はできていることがあります。あなたが自分自身にダメ出ししてしまうのは、理想の完璧な状態と現状を比べてしまっているからかもしれません。**そういうときは、想定できる最悪の状態と現状を比べてみてください。必ず、できている部分が見つかるはずです。**

これを意識しておくだけでも、物事を「できるメガネ」で捉えやすくなります。

ここがポイント

頭で考えるだけではなく、書き出すことで「できた！」が見つけやすくなる。

22

「結果目標」ではなく「行動目標」に注目し、悪循環から抜け出す

こんな人にオススメ

□ 思うように結果が出ていない人

□ すぐにあきらめてしまう人

すぐやるコツ

明日の仕事を小さな行動に分解してみる。

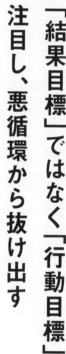

「また今月もノルマをクリアできなかった」「TOEICの点が伸びない」。

思うような成果が出ないと、「今月はあきらめて来月頑張ろう」「どうせいい点数をとれないなら、勉強しても意味がない」など、モチベーションが下がってしまいがちです。

本当は、もっとアポイントをとったり、勉強を積み重ねれば成果が出るのに、動くのが億劫になりつい先延ばししてしまう。

こうなると、うまくいかないことが繰り返され悪循環に陥ってしまいます。

この悪循環から抜け出すためには、結果目標ではなく、行動目標にフォーカスすることが有効です。


「結果目標」とは、「今月の売上目標○○万円」「企画を○本通す」「資格を取得する」といった結果を重視した目標のことです。

一方の「行動目標」とは、結果を出すために必要な具体的行動にポイントを置いた目標です。営業の例で言えば、「今月10件成約する」が結果目標で、「毎日30件電話する」「1日1件既存顧客を訪問する」「週に200通ダイレクトメールを発送する」というのが行動目標になります。

結果目標には、マンネリ化を防ぎ、緊張感を保つことができるメリットがあります。仕事がうまくいっているときは、結果目標を意識することで、よりよい成績をあげられる可能性が高まります。しかし、失敗が重なったとき、もしくは外的要因で目標が達成できないことが続くと、ストレスや不安を感じやすくなり、行動が止まる原因になります。

一方、行動目標は、成果、結果と関係なく、自分で決めたことをやればいいだけなので、失敗することが格段に減ります。

ストレスや不安を感じにくくなるので、思うような結果が出ないときは、次の例のように、結果目標を確実に実行できる行動目標に置き換えていくと、モチベーションを落とさず、結果を出すための行動に着手することができるようになります。

【具体例（結果目標→行動目標）**】**

企画書を完成させる→企画書の書けるところだけを埋めてみる

転職する→転職エージェントに3つ登録する

夏までに5キロ痩せる→毎朝30分散歩する

毎日ブログを更新する→ブログのタイトル案を3つ書き出す

部屋を片づける→使っていないものを10個捨てる

TOEICで800点を獲得する→ 過去問を10問解いてみる

思うように成果が出ないときは、結果にこだわるのをやめ、行動にフォーカスしてみましょう。

ちなみに、前述した「10秒アクション」は、行動目標を細分化したものです。行動目標を設定しても、なかなかそれに向かって動き出せないときは、「10秒アクション」を活用することで、着実に実行できるようになります。

なお、行動目標にフォーカスして、結果が出るようになったら、再び結果目標にもフォーカスしてください。行動目標ばかりを意識し続けると、今度は仕事がマンネリ化してしまうからです。

ここがポイント

「行動目標」と「結果目標」の両方を設定して使い分けよう。

23 無意識に口にしている「言い訳」に気づく

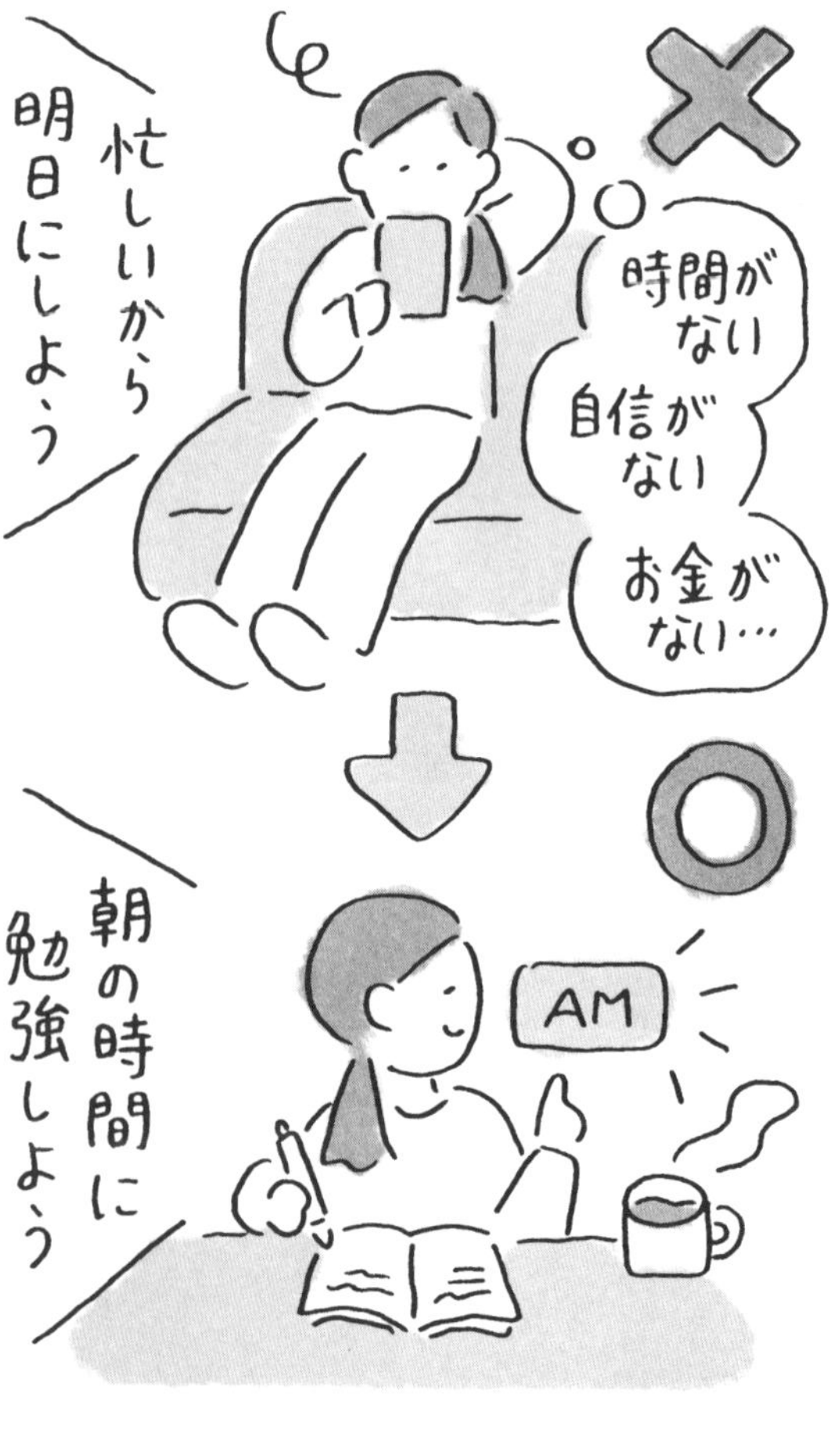

こんな人にオススメ

☐ 言い訳が多い人

☐ 逃げ癖がついている人

すぐやるコツ

まず、自分の口癖に気づくことから始めよう。

「お金さえあればできるのに」「時間がないからできない」「自信がないから今は無理」といった言葉を、口に出したり、内心でつぶやいていませんか？　他にも、「過去に成功事例がない」「歳をとりすぎている」「親（上司、友人）が反対している」「失敗したら恥ずかしい」「今日は疲れすぎている」など、あげ始めればキリがありません。

実は、こういった普段何げなく使っている口癖は、先延ばしのトリガー（引き金）になっています。これらの口癖が、動けないことを正当化し、潜在意識に刷り込まれてしまうからです。

自らの行動・思考パターンを変えたい場合、自らの口癖に「気がつく」ことも、有効な手段の1つです。

とはいえ、あなたの行動を阻害する言い訳を、いきなりやめることは難しいものです。なぜなら、後頭部の寝ぐせと一緒で、自分の言い訳は自覚していないことが多いからです。自覚がないことを修正するのは、誰にとっても困難です。

ですから、言い訳をやめるには、言い訳していることを認知することが第一歩になるわけです。

まずは、1日の終わりに、今日1日、「お金がない」「自信がない」「時間がない」など、行動しないことを正当化する言い訳をしたかどうかを振り返る習慣をつけましょう。

慣れてくると、これらの言い訳を口にした瞬間に「あ、言っちゃった」と自覚できるようになります。言い訳直後に気がつけるようになれば、大きな進歩です。この段階になったら、1日に何回言い訳をしたか、カウントして記録に残しておきましょう。

さらに慣れてくると、口に出す前、つまり言い訳を考え出した時点で、「あ、言い訳しようとしている」と、自分で気がつくことができるようになります。

もし、言い訳をしてしまったら、言いっ放しにせずに、その都度言い換えましょう。

たとえば、「時間がないから無理」と言い訳してしまったのであれば、「時間がないから無理と思っていたけれど、時間は自分で生み出せるものだった」「時間が足りないから、朝の時間にやってみよう」など、言い換えの言葉は、自分でしっくりくるものを見つけておくのです。言い訳に対する言い換えの言葉は、事前に決めておいたほうがスムーズにできます。

私の長男は、理科に苦手意識があるようで、「俺は理科が苦手だから」というのが口癖になっていました。そこで、「理科が苦手なのではなく、勉強の仕方がわからないだけ」と言い換えるようアドバイスしたところ、理科の勉強を後まわしにすることがなくなり、テストの点数が伸びました。まだ苦手意識はあるようですが、言葉を変えたことで、積極的に理科の勉強をするようになり、成績が上がったのです。

また、例外を探すのも効果的です。

たとえば、「自信がなくても、うまくいった」「時間に余裕がなくても行動できた」「お金が足りなくてもなんとかなった」ということが、誰にでもあるはずです。

1つでも、例外が見つかれば、言い訳にしている原因が、行動するための絶対的な必要条件ではないことに気がつくはずです。

これに気づくことができれば、「お金がないから、クラウドファンディングに挑戦しよう」「時間がないから、無駄な時間を切り詰めて時間をつくろう」「自信がないけど、過去に挑戦してうまくいったことがあるからやってみよう」など、「できる理由」が自然と出てくるようになります。

ここがポイント

言葉には、大きな力がある。

24

他人ではなく、過去の自分と今の自分を比較するクセをつける

こんな人にオススメ

- ☐ SNSを見て落ち込みがちな人
- ☐ つい嫉妬してしまう人

すぐやるコツ

人と比べる前に、なりたい自分を思い浮かべる。

「いいなあ、あの人は。それに比べて自分はなんてダメなんだ」
「他の人が、どうしているか気になる」
「あの人よりはマシだからまあいいか」

など、つい自分と人とを比べて一喜一憂していませんか。人と比べることで奮起して、新しいことに挑戦するなど、行動量が増えるのであれば問題はありません。**でも、多くの場合、人と比べることで、嫉妬、焦り、劣等感、自信喪失、慢心、優越感などが湧いてきて、結果的に行動につながらないことが多いのです。**

私たちが普通の生活をしているかぎり、仕事でもプライベートでも人との交流は不可欠ですし、現在はＳＮＳを通じて他人の活躍が目につきやすくなっています。そんな環境ですから、つい人と比べてしまうのは、ある意味仕方のないことだとも言えます。

問題なのは「人と比べること」ではなく、それによって感情がネガティブになり、「行動が止まってしまう」ことです。

では、どうしたら他人と比べて一喜一憂せずにすむようになるのでしょうか。

方法は簡単。他人と比べるのではなく、過去の自分と比べるようにすればいいのです。

過去の自分と比較することで、自分の成長にフォーカスすることができます。

具体的には、半年前、1年前、3年前の自分と今の自分を比べるのです。

「半年前、1年前、3年前の自分と今の自分を比べてみて、できるようになったことは？」

などと、考えるクセをつけてみてください。そうすると、

- **半年前の自分と比べたら、毎朝30分は早起きできるようになった。**
- **1年前の自分と比べれば、定型業務にかかる時間が半分に減った。**
- **3年前の自分と比べれば、やりたいことに時間を使えるようになり、毎日が充実している。**

など、成長していることが実感できるでしょう。そうすると、「自分もまんざらでもないな」と思えて、行動に着手しやすくなります。

とはいえ、過去の自分と比べて、残念なことに劣化しているという場合もあるでしょう。そんなときは、落ち込むのではなく先のことを考えましょう。

具体的には、**「半年後、1年後、3年後、今の自分と比べてどうなっていたいか？」**と考えるのです。たとえば、

・半年後には、1日中仕事をしても疲れないいくらいの体力がほしい。
・1年後には、英語での業務をスムーズにできるようになっていたい。
・3年後には、結婚して幸せな家庭を築きたい。

たとえ今、うまくいっていなかったとしても今の自分と未来の自分とを比較することで、自分を卑下することなく、未来への希望や展望を描くことができます。人は、実現したい未来がはっきりすれば、それに向かって動きたくなるものです。

人と比べずに、自分と比べることで劣等感や優越感にひたることなく、自分の成長にフォーカスして行動できるようになります。

ここがポイント

過去の自分と比べてどれくらい成長しているかを把握すると、「未来の伸びシロ」も見つけやすくなる。

COLUMN

3

10秒でできる自己肯定感が上がる行動5選

最近、自己肯定感が下がっている人が多いように感じます。不安に感じることが増えているだけでなく、リアルな場所で人と交流する機会が激減し、人から褒められたり、感謝されたりする機会が減っているからです。こういった生活の変化は、自己肯定感を上げるきっかけを奪います。当然ですが、自己肯定感が下がると、行動する意欲を失ってしまいます。ここでは、10秒でできる自己肯定感を上げるための5つの方法を紹介します。

●その1：自分にダメ出ししてしまうときは→「わかる、わかる」と合いの手を入れる

これは自己否定癖のある人に有効です。ダメ出ししている自分に気づいたら、合いの手を入れるように「わかる、わかる」と心の中で唱えましょう。気分がラクになります。

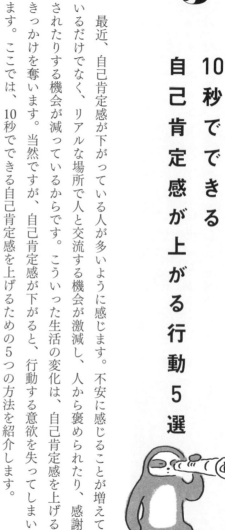

●その2：認めてもらいたいときは→自分で肩をポンポンとしながら「頑張ってるね」

「あの人に認められたい」「自分なりに頑張っていることを認めてほしい」という思いが、強いモチベーションになっているときもあります。自分の評価を他人任せにしていると、なかなか認めてもらえない場合、自己肯定感が下がってしまいます。

そんなときには、まず自分で自分に「頑張ってるね」などと声をかけ、認めてあげましょう。手で反対側の肩をポンポンとたたく、頭をなでるなど、実際に体を動かしながらやると効果がさらに高まります。

●その3：頭でっかちな自分に→おいしいものを食べた瞬間を思い出す

考え込んでしまってなかなか動けない。こういうときは、頭でばかり考えて、五感を活用していない傾向があります。こういう人は五感を使う訓練をしましょう。

やり方は簡単。おいしいものを食べた瞬間を思い浮かべるだけです。

このアクションは、食べたときの映像（視覚）、味（味覚）、感触（触覚）、匂い（嗅覚）、音（聴覚）、つまり五感を総動員しています。

これを続けていくと、徐々に動けるようになり、その結果自己肯定感が上がります。

●その４：イヤなことを忘れたいときは↓口角を１ミリ上げる

思い通りにいかないこと、イヤなことは誰にでもありますが、必要以上に引きずってしまうと、自己肯定感が下がってしまいます。

そんなときは、口角をほんの少しだけ上げてみましょう。表情と気持ちは連動しているので、口角を上げるだけでも確実に気分が上がります。

●その５：疲れている自分に↓上を見て大きく伸びをする

疲れている状態が続くことも自己肯定感が下がる原因になります。

人は疲れてくると視線が下がる、背筋が曲がるなど身体的に閉じている状態になるものです。それを開いた状態にすることで、疲れを取り除くことができます。気持ちは体と連動しています。体が解放されれば、それに準じて気持ちも解放されていきます。

以上です。どれも簡単なことですが、とても効果があるアクションですので、ぜひ試してみてください。

第4章

「忙しくて動けない」がなくなる！時間の使い方

「時間の使い方＝人生の質」

である。

行動力を身につけるうえで大切なことの1つに、「タイムマネジメント」があります。

なぜ、タイムマネジメントが必要なのでしょうか。

それは、何かをするにしても、何もしないにしても、私たちは「時間」を原資に行動しているからです。

当たり前ですが、私たちは、時間を引き延ばしたり、短くしたりすることはできません。生きているかぎり、私たちは毎日、1日（＝24時間＝8万6400秒）という時間を自動的に与えられます。たとえば、1秒を1円だと考えてみましょう。どんな人にでも毎日8万6400円が平等に与えられているというイメージです。この8万6400円は、前借りもできないし、貯金もできません。

つまり、使っても使わなくてもその日かぎり……。

究極を言えば、「時間＝命」です。私たちは、全ての行動に「自分の命の残り時間」を使っているわけです。

これを意識するだけでも、行動力は変わってきます。

本章では、本当に大切なことのために、最大限時間を使えるようになる方法を紹介します。

25

自分が何に時間を使っているかを把握しよう

こんな人にオススメ

- □ 気づくと時間が経っている人
- □「現状維持」で精一杯の人

すぐやるコツ

時間は「自分の命の残りの時間」だと考える。

当たり前の話ですが、行動するためにはその原資となる「時間」が必要です。投資をするのに資金が必要なのと同じです。

お金の場合、家計簿をつけて自分の資産や使い方の傾向を把握することが必要ですが、時間にも同じことが言えます。

つまり、行動できるようになるためには、時間の家計簿をつけて、「自分の時間の使い道」を振り返ることが大切なのです。

「時間の家計簿をつける」といっても難しいことをする必要はありません。

具体的には、直近の1週間について、自分の時間の使い道を、「①投資」「②消費」「③浪費」の3つに分類して、それらのおおよその時間を書き出してみるだけです。

これも、お金に対する考え方と似ています。

それでは、1つずつ見ていきましょう。

①投資

「投資」とは、自身の未来をイメージし、形にするための時間です。学びや経験、健康、人間関係を深めることなどに使った時間です。

仕事で言えば、中長期の計画や目標の立案、部下や後輩の指導、専門分野の勉強、効率化、提案、企画書の作成、効果的なミーティングなどです。

プライベートで言えば、将来設計、資産運用、自己啓発、家族との団欒などです。

②消費

「消費」とは、生活を維持するために使った時間です。食事、睡眠、休息、気分転換など、「現状を維持するために使った時間」と言ってもいいでしょう。

仕事で言えば、指示された仕事の遂行、報告書や資料の作成、会議や商談の準備、進捗確認、スケジュール管理、来客や電話・問い合わせへの対応、雑用、連絡、報告、相談、休憩、雑談などがこれにあたります。

③浪費

「浪費」は、投資にも消費にもならない時間です。漫然とダラダラ過ごしたり、無目的に過ごす時間です。目的のないネットサーフィン、終わりのないユーチューブやテレビの視聴、暴飲暴食、過度な夜更かしなどです。

仕事で言えば、働いているフリ、形骸化した朝礼や勉強会、会議、誰も見ない議事録や報告書の作成、意味のない残業、同じミスを何度も繰り返すなどです。

ここでのポイントは、「浪費」時間をゼロにする必要はないということ。車のハンドルに遊びがあるように、ダラダラしたり、ボーっとしたりする時間も忙しいときや疲れているときほど必要だったりします。ただし、あまりに無目的で創造的でない浪費の時間があるのだとすれば減らしていきましょう。そして、その余剰分を自己投資、未来への投資のために使うと未来がいい方向にシフトしていきます。

というのも、「投資」時間がゼロだと、よくて「現状維持」だからです。つまり、「すぐやる人」になりたいと思いつつも、消費と浪費にしか時間を使っていないとすると、永遠に「すぐやりたいけれど、できない人」のままなのです。

まずは、自分の時間の使い道をチェックしてみてください。

ここがポイント

浪費時間を圧縮し、投資時間を増やす。

26

時間割をつくって原則を守る

こんな人にオススメ

- □ ToDoリストに追われている人
- □ 忙しくて余裕がない人

すぐやるコツ

「やりたいこと」をする時間も確保する。

仕事や生活が忙しすぎて、1日の終わりになるとぐったり、自分が本当にやりたいことや好きなことをする時間がない。どうしたら、本当にやりたいことをする時間を確保できるのか……。こんな悩みを抱えている方もいることでしょう。

新しいことに挑戦したいのに、その時間とエネルギーがない。たしかに、1日中タスクやＴｏＤｏリストに追われていたら、誰でも疲弊します。仕事でもプライベートでも、やらされ感や義務感だけで動くと激しく消耗します。

しかし、同じ仕事をするにしても時間の使い方を工夫すれば、結果はだいぶ変わってきます。そのために効果的なのが時間割です。ここで言う時間割とは、学校の時間割よりもざっくりしたものです。**具体的には次のように1日を5分割し、それぞれの時間帯に合った仕事やタスクを割り振っていきます。**

①就業前まで
②午前中
③15時まで
④勤務時間終了まで
⑤就寝まで

この時間割のポイントは、その時間内に「すべきことを事細かに決める」のではなく、「最低限したいことを決めておく」ことです。残った時間で、ＴｏＤｏリストを処理したり、スケジュールをこなすことになります。

①就業前まで

就業前までの朝時間は、最も外部要因に左右されにくい時間帯です。ですから、自分にとって大事なことは、なるべくここに組み込みます。たとえば、運動や勉強、瞑想など、仕事以外のことです。

②午前中

午前中は、比較的集中しやすい時間帯です。頭を使う仕事や創造的な仕事は、できるかぎりこの時間帯に行いましょう。たとえば、中長期の計画の立案、企画書・提案書の作成、新事業の構想などです。余った時間で、ＴｏＤｏリストに取り組むといいでしょう。

③15時まで

昼食後は集中力が途切れやすい時間帯です。１人で行う仕事ではなく、会議、打ち合わせ、面談、商談、日程調整など、他の人と一緒にする仕事を入れるといいでしょう。

④勤務時間終了まで

15時以降は、勤務終了までのカウントダウンという締め切り効果によって再び集中力が高まりますので、報告書の作成や、各種手続き、事後処理など、面倒だけど必要な仕事をするのがおすすめです。また、前述の通り、明日のスケジュールを確認し、最高のアウトプットと、3つのキーアクションを決めてもいいでしょう。

⑤就寝まで

終業後は、仕事のことは忘れ、リラックスしたり、楽しんだり、心の栄養補給をする時間を確保しましょう。おいしいご飯を食べる、お酒を飲む、友人との会話を楽しむ、趣味に没頭する、お風呂にゆっくり入るなどです。また、「今日のよかったこと」を3つ思い出してから眠りにつくことをおすすめします。

ここがポイント

細かくスケジューリングしすぎないよう注意しよう。

27

仕事中は時間を15分単位で区切る

こんな人にオススメ

- □ もっと集中したい人
- □ 仕事にメリハリをつけたい人

すぐやるコツ

机上にタイマーを用意して15分を計り始める。

時間を有効活用したいと思っているのに、ついネットニュースを見てしまったり、スマホに手が伸びてしまったりして、結局無駄に時間を費やしてしまう。その時間があれば、先延ばしにしていたあの仕事ができたのに……。

こうなってしまうのは、仕事に制限時間を設けていないからです。

脳科学の実験でも、適度に制限時間を設定したほうが、制限時間を設けなかったときよりも脳が活性化して集中できることが証明されています。

「パーキンソンの法則」というものをご存じでしょうか。これは「仕事は、与えられた時間の長さいっぱいまで膨張する」という心理学の世界では有名な法則です。たとえば、15分でできる仕事でも、30分の時間があると結果的に30分の時間をかけてしまう傾向があります。

このように、時間制限を設けなければ、1つの仕事を終わらせるために必要以上の時間を費やすことになるのです。**逆に言えば、どんな仕事でもタイムリミットを設けることで、集中力が増し、最短の時間で終わらせることができるわけです。**

そこでおすすめなのが、時間を15分に区切ることです。短く感じるかもしれませんが、

集中すれば多くのことができます。

また、60分、90分など比較的ロングスパンで区切ってしまうと、つい油断して、冒頭の15分、20分を無駄にしてしまう可能性があります。

時間を計る際は、時計ではなく、カウントダウンできるツールを活用することがおすすめです。

私はキッチンタイマーを愛用していますが、最近はスマホアプリなど便利なツールもたくさんあります。音だけでなく、バイブレーションや光の点滅で時間を知らせてくれるので、仕事中も周囲を気にせず活用することができます。

なお、15分のとっかかりには、先述した「10秒アクション」を活用してください。

たとえば、企画書の作成をするのであれば、「企画書のフォーマットを開く」「関連資料を取り出す」など、自分で決めた10秒アクションをきっかけに仕事に着手します。

ポイントは「15分でここまで終わらせる！」と決めてからとりかかること。もしくは、「15分でどこまでできるか」とゲーム感覚でチャレンジしてみてもいいでしょう。

これを続けていくと、「15分だと物足りない」「15分は長すぎて集中できない」といった人も出てくるかもしれません。

そんなときは、タイマーの設定を20分に延長してみる、10分に短縮してみるといった調整をしてみましょう。

繰り返し実践すると、自分がいちばん集中できる時間の区切り方を見つけることができます。

ここがポイント

何度も試してみて、
最も集中できる時間の単位を見つけよう。

28

「本気の30分」を1日2回確保する

こんな人にオススメ

- ☐ やりたいことになかなか手がつけられない人
- ☐ 仕事がマンネリ化している人

すぐやるコツ

30分でいいから今の自分を全て出しきる。

私たちは、1日中高い集中力を保ち続けることはできません。本当に集中できる時間は、1日のうちわずかしかないのです。

このわずかな時間を有効活用できるか否かで、行動の質は変わってきます。

どんな人にも「集中しやすい時間帯」があります。これは、早朝、昼前、夕方など人によってさまざまです。その時間帯に30分間、「いちばん大事なこと」に本気で取り組んでみてください。普段先延ばしにしがちだけど、自分にとって大切なこと、本当にやりたいことに取り組めたらベストです。**いわゆる「緊急ではないが重要なこと」です。これを1日2回実践します。**

時間帯とやるべきことが決まったら、プロアスリートが重要な試合に臨むときのように本気を出しきってください。その際、耳栓をしたり、タイマーでカウントダウンすれば、より本気を出しやすくなります。

たとえ30分でも本気を出しきることができれば、先延ばしが減り、達成感も得られます。

ここがポイント

普段と違う雰囲気をつくり、特別感を演出しよう。

29

気分転換の方法を所要時間別にあらかじめ決めておく

こんな人にオススメ

☐ 落ち込みがちな人

☐ ストレスを溜めがちな人

すぐやるコツ

心身の疲れを感じたら、すぐ気分転換できるようにしておこう。

仕事で失敗してしまったり、思い通りにいかないことが続いているとき、気分転換が上手な人は、すぐに気持ちを切り替えることができます。一方、気分転換が下手な人は、悪い状態を引きずってしまいます。

では、気分転換の上手・下手の違いはどこにあるのでしょうか。

それは、あらかじめ気分転換の方法を決めているかどうかです。

行動力のある人が「いつも絶好調」というわけではありません。むしろ、たくさん動くぶん、うまくいかないことも増えるわけです。それでも動き続けられるのは、体力や集中力を回復するためのリフレッシュ法や落ち込んだ気分を仕切り直す方法、すなわち「自分のトリセツ」があって、「いつでも、どこでも、すぐに」実行しているからです。

具体的には、深呼吸やストレッチ、散歩、甘いものを食べるなど**「数分でできるもの」**、仮眠や掃除、ランニング、入浴など**「30分あればできるもの」**、旅行や映画鑑賞など**「ある程度時間が必要なもの」**の3種類を決めておきましょう。こうすることで、仕切り直しが必要になったとき、状況に応じて、すぐに気分転換できるようになるのです。

ここがポイント

気分転換は、「これが終わったら〇〇できる」というご褒美効果も期待できる。

COLUMN

4 時間の質を上げる4つの質問

タイムマネジメントには、2つの側面があります。

1つは「作業の効率化」、もう1つは、「時間の質的向上」です。つまり、「自分にとって本当に大切なこと・価値あることに時間を使えているか？」ということです。

「作業の効率化」については、第4章でご紹介してきましたので、ここでは、2つめの「時間の質的向上」という側面から、解決のヒントをお伝えします。

時間の質を向上させるためには、次の2つの視点で考えるといいでしょう。

1 成果が出ているか？

2 心身のコンディションはいい状態か？

1については、言うまでもありません。どんなに時間の使い方がうまくなっても、なんら成果につながらないとしたら、意味がありません。たまに、タイムマネジメント自体が目的になってしまうときがありますが、これでは本末転倒です。

では、2の心身のコンディションは、なぜ重要なのでしょうか？

それは、「何をするか？」よりも、「どんな状態でいるか？」のほうが、パフォーマンスに大きな影響を及ぼすからです。

私たちは、「何をするか？」「どうやってやるか？」にばかり注力しがちです。しかし、何をするにしても、行動の原動力になるのは、「心身の健康」です。さらに、行動の質を高めるとなると、「心身の状態」も重要になってくるのです。

体の不調が続いていたり、極度のストレスにさらされていたりすると、パフォーマンスを発揮できません。また、「成果を出せる自分にしか価値がない」「私は何をやってもダメ」という心理状態では行動の質を上げることが難しくなります。

こう聞くと、当たり前のことに聞こえますが、特に、ビジネスパーソンの多くは、体の状態に目を向けることなく、成果を出そうとして、よりコンディション（心身の健康と状態）

を悪化させ、結果的に時間の質を落としていることが多いのです。

時間の質を上げたいのなら、月に一度、自分自身に次の4つの質問を投げかけてみてください。

Q1：今月成果が出たこと
Q2：今月成果が出なかったこと
Q3：心身のコンディションが上がった要因
Q4：心身のコンディションが下がった要因

そして、「今月成果が出なかったこと」と「心身のコンディションが下がった要因」を極力排除し、「今月成果が出たこと」「心身のコンディションが上がった要因」を増やしていく。この意識を持つだけで、時間の質が上がっていきます。

第5章

夢や目標に向かって一歩踏み出せる！行動思考の身につけ方

行動力は人生を
変えるベースになる。
大切なのは
「それを使って何をするか」を
考えること。

ここまで、「すぐやる人」になるための具体的なスキルをお伝えしてきました。読んで実践してくださった方は、以前と比べたら、動けるようになっているはずです。

しかし、それだけで満足しないでください。すぐ動けるようになったあなたには、ぜひ、「人生を変える」経験をしてほしいのです。


私は、人間の行動は2つの種類に大別できると考えています。

それは、マイナス状態をゼロベースに戻す行動（ゼロベース行動）と、プラスの価値を生み出す行動（プラス行動）です。

これは、アメリカの臨床心理学者のフレデリック・ハーズバーグが提唱した「モチベーション理論」をベースに、誰にでも理解しやすいよう私がつくった言葉です。

ハーズバーグは、「人のモチベーションを構成する要因」を、「衛生要因」と「動機づけ要因」の2つに区別して考えることを提唱しました。

前者の「衛生要因」とは、不満や不足にかかわる要素のことで、後者の「動機づけ要因」とは、満足感や達成感、幸福感にかかわる要素のことです。

つまり、不満や不足という課題をなくすための行動が「ゼロベース行動」であり、満足感や達成感、幸福感を得るための行動が「プラス行動」だと捉えてください。

片づけにたとえると、「いらないものを捨てる」「使ったものを元に戻す」「掃除をする」ことは「ゼロベース行動」にあたります。

そして、片づいた空間でどんな時間をすごしたいかをイメージし、「理想を実現するために必要なモノをそろえる」「家具の配置を変える」ことがプラス行動にあたります。

ここまで解説してきた「すぐやる人」になるためのノウハウは、基本的に「ゼロベース行動」を促進するためのものです。これらは、私たちの行動力のベースになるスキルです。「ゼロベース行動」がスムーズにできるようになると、仕事が効率化されたり、いい習慣が身についたりします。しかし、これだけでは、あなたの夢や目標を実現することはできません。

ハムスターが、行動力を手に入れて、回し車をどれだけ速く回せるようになっても、何かを生み出せるわけではないのと同じです。

だから、「ゼロベース行動」とセットで「本当はどうしたいか？」「生み出した時間をどんなことに使いたいか？」についても考えていく必要があるわけです。

これが、プラス行動です。

あなたは、「ゼロベース行動」によって生み出された時間を使って、どんなことに挑戦してみたいですか。

自分の人生をより豊かにするために、本当にやりたいこと、挑戦したいことを明確にし、それを実現するための行動が「プラス行動」です。

あなたにしかない個性や価値観、才能にもとづいて、楽しむ、くつろぐ、価値を生み出す、成長する……。「すぐやる人」になることで、「プラス行動」に時間を使えるようになったら、毎日が楽しく、充実したものになります。

なお、「プラス行動」は、次の3つのステップをマスターすれば、誰でもできるようになります。

①目標を立てる
②目的を明確にする
③取り組み内容を決める

本章ではその方法を順番に解説していきましょう。

30

人生を変えるには「ぶっとんだ目標」が必要

あなたはどっち？

- □ 夢や目標がある
- □ 目の前のことに精一杯で何も考えられない

成功の秘訣

「行きたい未来」に思いを馳せてみる。

人生を豊かにするためには、夢や目標が必要です。これは、「プラス行動」の原動力になるものです。目的地を設定すればカーナビがゴールまで導いてくれるのと同様、目標が明確になれば、私たちは自ずと動き出すことができます。

とはいえ、単に目標を言語化・数値化しただけでは、行動できるようにはなりません。よく、目標の細分化や明確化に必死になっている人がいますが、それだけでは、いざ行動する段階となると、なかなか進まないことのほうが多いのです。

それは、過去の延長線上で「今の自分ができる範囲」の夢や目標を立てようとしているからです。たとえば、昨年の売上の10％増しとか、前回の点数の10点アップといった目標は、「心底、実現したい目標」ではないはずです。

「失敗したくない、失望したくない、怒られたくない、ラクしたい」という気持ちから、予定調和的な目標になってしまうのです。でも、無難な目標を立てても感情が動かないので、行動スイッチは入りません。

人生を変えるために必要なのは、「ぶっとんだ目標」です。「ぶっとんだ目標」とは、実現可能性や感情のブレーキにとらわれない「心底、実現したい目標」のことです。

「ぶっとんだ目標」というのは、「旅」に似ています。

旅なんてしなくても、普通に生きていくことはできます。でも、「1日、1週間、1カ月、1年が、やるべきことだけで終わってしまう」「何か物足りない」「充実感がない」「ダラダラしているわけではないのに、何もできないまま時間だけが過ぎてしまう」そう感じている人にこそ、「旅＝ぶっとんだ目標」が必要です。

「ぶっとんだ目標」がない人は、旅の目的地を決めずに日々彷徨っているようなもの。行きたい未来が決まっていないので、人の指図や社会情勢に左右され、目の前のことに一喜一憂し、うれしいことも辛いこともその場かぎりです。全てが断片的で一時的なのです。

これでは、せっかくの行動も努力も苦労も、積み上がっていきません。

たとえば、同じ会社で働く30代の社員、AさんとBさんがいたとしましょう。

Aさんは、「自分は一生平社員のまま終わる人間だ」と考え、漫然と生きています。とにかく無難に生活できればいい、クビにならなければいいと思いながら、日々仕事をこなしています。Aさんは、トラブルが起きたときに「あ〜、なんでこんな大変なことに巻き込まれてしまったんだ……。勘弁してくれよ」と思うでしょう。

それに対して、Bさんは、「私は将来経営者になる！」という「ぶっとんだ目標」を持っています。今のうちにさまざまな経験を積んでおきたいと、日々の仕事に取り組んでいます。Bさんは、トラブルが起きたとき、「よし、なんとか乗り切ってやろう。自分が社長になったら、もっと複雑で解決困難な課題に直面することもあるはずだから、これもいい経験だ」と思うでしょう。

同じ出来事に対しても、「ぶっとんだ目標」の有無によって、捉え方がまったく違ってくるのです。そしてこの違いは、1つひとつの思考・選択・決断・行動に大きな影響を与えます。

たとえ今、思い通りの仕事をしておらず、自分が望むような状況でないとしても、「ぶっとんだ目標」があれば、全ての行動、挑戦、苦労が自分の行きたい未来を実現するために必要なリソースとなります。

過去の失敗や思い出したくもないような経験も、「誰かの役に立つために必要だった」と思える日が、必ずきます。何よりも、何げない毎日が楽しく、充実し始めるのです。

ここがポイント

「ぶっとんだ目標」は、私たちの思考や決断、行動に大きな影響を与える。

31

【目標を立てる①】
「欲望」にフォーカスすると、本当にやりたいことが見えてくる

あなたはどっち？	成功の秘訣
□ 自分の欲望に向き合っている □ 欲望に蓋をしている	欲望は悪いものではないと理解しよう。

たとえば、与えられた仕事の目標数値を達成するために、顧客にアポイントを入れなければならないのに、なかなか行動に移せないといった経験をした方もいると思います。なぜ、明確な目標があるのに動けないのでしょうか。

それは、その目標に「欲望」がないからです。正直つまらないし、その気にもならない。だから行動スイッチも入りません。

人は、欲望がないと行動する意欲が湧いてきません。逆に言えば、自分が本当にやりたいことならいくらでも頑張れる、続けられる、成長できるという性質を持っています。

欲望なき目標は、真の目標とは言えないのです。

たとえば、経営者になりたい、海外に移住したい、趣味を生かして独立したい、田舎に引っ越して農業を始めたい、エベレストに登りたい……、一度制約を外して考えてみるのです。

しかし、こういった夢や目標は、心の奥底に秘められ、顕在化していないことが多いものです。ですから、「ぶっとんだ目標」を見つけ出すための最初のステップとなるのが、自分の「欲望」を知ることです。

「欲望」と聞くと、悪いイメージを持つ方もいるかもしれませんが、ここで言う欲望とは、

「心の奥底にある純粋な気持ち、心を揺さぶるような希望、願望、期待」といったものです。

脳には、「大脳辺縁系」という本能行動や情動に重要な役割を担っている古い脳と、この大脳辺縁系の上にある新しい脳、「大脳新皮質」とがあります。

古い脳は生命維持のために働き、感情と行動を司っています。

一方、新しい脳は、状況に応じて適切な行動をするために高度な学習能力があり、言語を司っています。

つまり、いくら目標を明確化しても、言葉レベルでの目標であれば、行動にはつながらないのです。「頭では行動したほうがいいとわかっているのに行動できない」というのがこの状態です。

「感動」という言葉はあっても「知動」という言葉がないように、人は理屈ではなく、感情で動きます。行動したいなら、感情と行動を司る古い脳にアプローチする必要があるのです。

この点、「欲望」という情動を使えば、いつでも自在に脳にアプローチできます。欲望とは考えるものではなく、感じるものだからです。

とはいえ、いきなり欲望と言われても、把握するのが難しいでしょう。次項では、自分の中に眠る、内なる欲望を顕在化させるコツをお伝えします。

ここがポイント

「頭で考えていること」と、「心で感じていること」の違いを意識しよう。

32

【目標を立てる②】「頭の声」「体の声」「心の声」を分けて聞く

頭の声
人に迷惑かけちゃダメ！
体の声
疲れた…肩こりもひどい
心の声
本当は休みたい

あなたはどっち？

☐「自分の気持ち」を大事にしている

☐「自分の気持ち」より「常識や世間体」を大事にしている

成功の秘訣

今考えていることが「本音」なのか、何度も確認しよう。

自分の欲望を知るコツ、それは、「心の声」に耳を傾けることです。実は、私たちの思考は、次の3つに分けられます。

・頭の声：普段考えていること。「しなければならない」「すべき」といった義務感
・体の声：体の状態やコンディション。「肩がバキバキ」「喉が痛い」など
・心の声：感じていること、気持ち。「したい」「ほしい」という欲求

普段、私たちが自分の気持ちを考える際、これら3つの声が混在していたり、特定の声（特に頭の声）だけを聞いていたりしがちです。

たとえば、なかなか動けないと悩む人の大半は「頭の声」だけを聞いています。また、体調不良が続いている人は、「体の声」を無視して肉体を酷使していることが多いのです。

まずは自分の欲望を知るために、毎日少しの時間、3つの声を別々に聞いてみてください。そして、内に秘められた「心の声」を顕在化させていくのです。

「ぶっとんだ目標」を立てる際の最大のコツは、「実現できるかどうか？」よりも、「実現したいかどうか？」を重視することです。

しかし、多くの人は、「私には無理」「お金がない」などといった「頭の声」が邪魔をして、考えることをやめてしまい、「心の声」に蓋をしてしまっているのです。

「心の声」を顕在化するために必要なのは、自分との対話です。具体的には、「本当はどうしたい？」というシンプルな質問を自分に問いかけるだけです。

過去の失敗や現状の忙しさなどはまず脇に置いて、「自分自身は、本当はどうしたいのか」を問いかけ、理想の未来をイメージするのです。

たとえば、あなたが、「最近疲れているな」と漠然と思いながら働いているとします。そんな自分に、「本当はどうしたい？」と質問してみるのです。

コツは、「3つの声を分けて聞く」ことです。

最初のうちは「今忙しいし、同僚に迷惑がかかるから頑張らなきゃ」という頭の声が聞こえてきます。でもこれは本音ではないはずです。

頭の声が聞こえてきたら、もう一度「でも、本当はどうしたい？」と問いかけてみてください。これを続けていると、「最近、体調も悪いし、肩こりもひどい。夜もよく眠れない。以前より仕事に集中できなくなった」という体の声が聞こえてきます。

そこからさらに「それなら、本当はどうしたい？」と問いかけます。すると、「2、3日休みをとって、頭と体を休ませたい」「温泉でゆっくりしたい」「趣味の陶芸に没頭したい」といった心の声（欲望）が聞こえてくるのです。

こうやって、自分の本音を少しずつ顕在化させていきます。

これは、「ぶっとんだ目標」についても同じです。

たとえば、「起業してみたい」と漠然と思いながら実現のために動けないときは、「私には能力がない」とか「人から笑われる」など、「頭の声」だけを聞いている可能性が高いわけです。「本当はどうしたい？」という問いかけを続ければ、「趣味のアウトドア関連で起業したい」などと、「心の声」にもとづいた「ぶっとんだ目標」が少しずつ顕在化します。すぐに答えが出なくても、焦らず「本当はどうしたい？」という問いを持ち続けることで「心の声」に気づきやすくなっていきます。

自分自身の「本当はどうしたい？」がわかると、判断、決断に迷わなくなります。その結果、夢に向かって挑戦し始めることができるのです。

ここがポイント

慣れないうちは、ランチに何を食べるかなど、簡単なことから「本当はどうしたい？」と問いかけてみよう。

33 「目的」と「取り組み内容」を明確にする

文法をやろうか
単語を覚えるか
…
明日からでいっか…
目的なし
リスニング力を
上げよう！
TOEIC
問題集
目的あり

あなたはどっち?

☐ 目的とプロセスの両方を明確にしている

☐ 漠然とした目的しかない

成功の秘訣

目標は「立てたら終わり」ではなく、「育てていくもの」だと意識する。

自分の本当にしたいことに気づいたら、「目的」と「取り組み内容」を明確にしましょう。

「取り組み内容」とは、「いつ・どこで・何をするか」を決めることです。

たとえば、「英語が話せるようになりたい」という目標を持つ人が2人いるとします。

Aさんは、「英語が話せたほうが、将来役に立ちそうだから」という、漠然とした目的しかありません。この状態ですぐに勉強を始めることができるでしょうか。「今日は、単語を覚えようかな、それとも海外ドラマを英語字幕で見ようかな、でもやっぱり文法の勉強をしようかな」と迷っているうちに、「まあ、明日からでいいか」となってしまいます。

一方、Bさんは、「1年以内に外資系企業に転職するために英語を身につける」という明確な目的を持っています。さらに、転職活動を有利に進めるためには、TOEICの点数を800点以上にすることが必要。そのためには、リスニング力を上げることが不可欠だから、まずは過去問を使ってリスニングを最優先で勉強しようと決めています。このように、「目的」と「取り組み内容」が明確になっていると、すぐに勉強を始めることができます。

ここがポイント

「○○のために××する」という思考が行動の原動力になる。

34

【目的を設定する】
自分の価値観を理解すると、真の目的が見えてくる

あなたはどっち？

- □ 自分の大切にしている価値観を知っている
- □ 目的を考える習慣がない

成功の秘訣

自分が「どんなことに喜びを感じるか」探求してみよう。

ここまで読んで、「なぜそれをしたいのか？　あらためて目的を聞かれてもはっきり答えられない。そもそも目的が不明確で悩んでいるのだから、目的を明確化する方法を知りたい」という方もいるでしょう。

どうしたら行動する目的を明確化できるのでしょうか。

これまで1万5000人以上の方の夢や目標の実現をサポートしてきてわかったことがあります。それは、人が行動する目的は3つに大別できるということです。というのも、行動する目的は、その人の価値観に根ざしたもので、その価値観が3つに大別できるからです。

その3つの価値観とは、**「①人とのつながり」「②達成」「③技術の追求」**です。

「①人とのつながり」とは、感謝されたり、絆が深まったり、人間関係が充実することを大切にする価値観です。「ありがとう」と言われるとモチベーションが上がる、チーム全員で結果を出すことに喜びを感じる、部下や後輩の育成や成長に関心がある、という人は、「①人とのつながり」を大切にしています。

「②達成」は、文字通り、目標を達成したり、困難な課題を乗り越えることを大切にする

価値観です。目標や新記録の達成がかかるとやる気になる、自己成長や昇進・昇給に対する意欲が人より高い、という人はこの価値観を最も大切にしていると言えます。

最後の「③技術の追求」は、専門性を深めたり、自分の意思や個性が尊重されることを大切にする価値観です。独創性・オリジナリティを追求したい、開発や研究、創意工夫をすることが好き、という人は、この価値観を最も大切にしています。

これらは私たちの思考のベースとなるものなので、どれも重要ですし、誰もがこの3つの価値観を持ち合わせています。ただし、人によって優先順位が異なります。

自分が最も大切にしている価値観をベースに「なんのため?」「誰のため?」を考えることで、自分に合った目的を設定することができます。

たとえば、「今月〇〇万円の売上を達成する」という目標があるとします。

3つの価値観のうち「②達成」を最も大切にするAさんにとっては、売上目標達成というのは自身の価値観そのものなので、すぐ行動しやすいわけです。

しかし、「①人とのつながり」を最も大事にするBさんにとっては、金額ベースの目標だけでは、今ひとつしっくりきません。このような場合、たとえば「必要としている〇人に商品を届ける」「商品の販売を通じて笑顔の人を増やす」といった、自身の価値観にもとづいた目的を設定することで、行動に結びつけることができます。

また、「③技術の追求」を大切にするCさんは、「誰でも毎月○○円売り上げられる販促プランを開発する」「自分にしかできない方法で○○円の売上を達成する」といった目的を設定すると行動しやすくなります。

仕事以外にも、たとえば、ダイエットであれば、「①人とのつながり」の価値観を持つ人なら「痩せて、恋人を見つけたい」。「②達成」なら「3カ月で5キロ体重を落とし、自己ベストを更新する」。「③技術の追求」なら「食事制限と運動を組み合わせた、オリジナルのダイエット法を開発する」などの目的が考えられます。

このように、自分の価値観を把握することで、あなたにふさわしい目的を設定することができます。

ここがポイント

①～③の価値観の特徴を紙に書き出し、チェックしてみよう。

35

【取り組み内容を明確にする①】マイルストーンを3つ置く

あなたはどっち？

□ 目標に向けたロードマップを描いている

□ やるべきことを漠然と考えている

成功の秘訣

「ゴールイメージ」と「プロセスイメージ」の両方を明確にする。

ここまで、「目的」の見つけ方をお伝えしてきました。ここでは「取り組み内容」を明確にする方法を紹介しましょう。

たとえば、「1年以内に外資系企業に転職するために、TOEICで800点をとる」と決めても、すぐに動けないことがあります。目的が明確になると、「よし！　明日から英語の勉強を頑張るぞ！」という気持ちにはなるのですが、いざ翌朝になると、何から手をつけていいかわからず、迷っているうちに、時間がなくなってしまうのです。

こうなってしまうのは、「取り組み内容」が曖昧だからです。

「取り組み内容」は、次の2つのステップを踏むことで簡単に明確化できます。

①現状と目標の間に3つの「マイルストーン」を置く
②マイルストーンを「チャンクダウン」する

ここでは、①の現状と目標の間に3つの「マイルストーン」を置く、についてお伝えします。

目的は明確になったけれど、まず何をすればいいか迷う、何から始めればいいのかわからないなど、アクションプランが明確に描けないときは、現状と目標との間にマイルストーンを3つ置きましょう。

マイルストーンとは、直訳すれば「道標」。目標を実現していく際に、途中の目安となる小さな目標のことです。

たとえば、「1年以内に外資系企業に転職するために、TOEICで800点をとる」という目標のマイルストーンは次のようになります。

①まず、3カ月以内に650点を目指す
②次に、半年以内にリスニングで800点以上の実力をつける
③それができたら、リーディングで800点以上の実力をつける

もちろん、マイルストーンの内容は、人や状況によって変わってきます。

もし、あなたがTOEICを受けたことがなく、どんなテストなのかも知らない場合は、「①まず、3カ月以内に650点を目指す」というマイルストーンはハードルが高すぎます。その場合は、最初のマイルストーンは、「まず、過去問を解き、現状で何点をとれるか確認し、現状＋100点を目指す」のほうが、しっくりきます。

いずれにしても、ゴールから逆算することで、ざっくりとしたマイルストーンをつくることができます。いきなりＴＯＥＩＣで８００点を目指すよりも、小さなゴールを３つつくってまず最初のゴールを目指すほうが、動きやすいですし、マイルストーンごとに達成感を味わうこともできます。

もちろん、このマイルストーンは、あくまでも仮決めなので、実際に行動してみてしっくりこなかった場合には、変更してもＯＫです。

また、「マイルストーンは必ず３つでないといけませんか？」という質問を受けることがあります。３つ未満だと、行動が具体的にイメージできないのでおすすめできません。

ただし、５つまでであれば、マイルストーンは増やしてもかまいません。

ここがポイント

マイルストーンは、数字や基準を用いると、よりわかりやすくなる。

36

【取り組み内容を明確にする②】マイルストーンをチャンクダウンする

あなたはどっち？

- □ 行動を「分解」して考えている
- □ 行動を「大きなかたまり」で考えている

成功の秘訣

「結果目標」に加えて「行動目標」も立てよう。

現状と目標との間にマイルストーンが置けたら、確実に行動できるようにするために、チャンクダウンして、日々の行動に落とし込みます。「チャンクダウンする」というのはコーチングの世界で使われる言葉で、「1つのかたまりを小さく分解する」という意味です。**取り組み内容が大きすぎると、行動に着手しにくくなるので、分割して小さなかたまりにすることで扱いやすくするのです。**

先ほどの「1年以内に外資系企業に転職するために、TOEICで800点をとる」という目標であれば、最初のマイルストーンは、「まず、3カ月以内に650点を目指す」や、「まず、過去問を解き、現状で何点とれるか確認し、現状＋100点を目指す」でした。

ただ、これだけだと何をどうすればいいかわかりません。そこで、これらをチャンクダウンします。**具体的には、その目標を達成するために必要な行動を書き出してください。**

たとえば、「まず、3カ月以内に650点を目指す」というマイルストーンをチャンクダウンすると、次のようになります。

- **650点をとるのに必要な単語、連語をアプリを使って覚える**
- **650点をとるのに必要な文法を参考書を使って身につける**

・音声教材を使って、650点をとるのに必要なリスニング対策をする
・TOEICの過去問を解く
・TOEICの試験に申し込む

もう1つのマイルストーンである、「まず、TOEICの過去問を解き、現状で何点をとれるか確認し、現状+100点を目指す」であれば、次のようになります。

・TOEICの過去問題集を購入して、どんな問題が出題されるのか確認する
・過去問を解いたら採点して、現在のレベルを把握する
・現在のレベルに合った参考書を買って、単語と文法を勉強する
・リスニング力を上げるための音声教材を買って勉強する
・TOEICの試験に申し込む

こんなふうに、ある程度書き出せたら、優先順位をつけていきます。書き出したメモの上に番号をつけていってください。

このように、取り組み内容をチャンクダウンして、具体化することで、今日、今週、今

月の取り組み内容が明確になり、「何から始めていいかわからないからできなかった」ということを避けることができます。

ここまで、①「ぶっとんだ目標」を立て、②目的を明確にし、③取り組み内容を設定しました。

最後に、確実に行動に着手するために、「いつ、どこで、何をするか」まで具体的に決めてしまってください。

漠然と「週に3回、1回につき30分勉強する」と決めるよりも、「今週は、月曜日・水曜日・金曜日の出社前に、ダイニングテーブルで30分間勉強する」と決めたほうが、より確実に行動できるようになるからです。

ここがポイント

取り組み内容が具体化されればされるほど動きやすくなる。

37

目標をクリアする前に、もう一段高い目標を設定する

あなたはどっち？

□ 常に先のことも視野に入れている

□ 目の前のことだけを考えている

成功の秘訣

「人生は目標設定の連続」だと考えてみる。

アスリートが、「目標を達成した瞬間、燃え尽きてしまった」ということをよく耳にします。これは、私たちにも言えることです。

たとえば、はじめての海外出張を乗り切るために、英会話を習っていたとします。この場合、出張から帰ってくると英語を学ぶ目的を見失って、勉強をやめてしまうことがあります。これではもったいないです。

それを知っている人は、目標を達成できそうになった時点で、次の目標を立てています。

海外出張中に、「次は1人で海外旅行をしてみよう」とか、「帰国後も海外の関係者とメールで連絡をとり続けられるよう英語の文章力をつけよう」「せっかく英語に触れたのだから、海外留学を目指してみよう」など、新たな目標を立てるのです。

目標の80%までできたら、次の目標を仮設定するクセをつけましょう。

もう1つ先の新たな目標を設定することで、成長するための具体的な行動が見えてきます。また、現在の目標を最後まで気を緩めずにやりきる効果も期待できます。

ここがポイント

目標を更新すると、現在の目標が成長へのステップになる。

COLUMN

5

あなたの行動を大きく変える！ セルフイメージの上げ方

コーチングの世界では、**「セルフイメージの質が、目標やビジョンの質を決める」**と言われています。つまり、高いセルフイメージを持ったほうが、質の高い目標やビジョンを描きやすいのです。さらに、「自分にはできる」という高いセルフイメージを持っている人は、「自分にはできない」という低いセルフイメージを持つ人よりも行動を加速することができます。ここでは、3ステップでできる、セルフイメージを上げるための簡単なワークを紹介しましょう。

セルフイメージをアップする「3ステップワーク」

ステップ1　現在の自分のセルフイメージを認識する

まず、「今のあなたのセルフイメージ」を書き出してみましょう。

たとえば、〇〇社の社員、係長、課長、10年選手、営業担当者、普通のサラリーマン、夫、妻、二児の父、三児の母、テニスがうまい人、独立志向のあるサラリーマンなど……。

自由に、思ったイメージをいくつか書き出してみてください。

ステップ 2　未来における理想のセルフイメージを書き出す

半年先、1年先、3年先に、すごくうまくいっているとしたら、どんなセルフイメージに変わっているでしょうか？　次の3つを書き出してみましょう

1. **うまくいった半年後のあなたのセルフイメージ**
2. **うまくいった1年後のあなたのセルフイメージ**
3. **うまくいった3年後のあなたのセルフイメージ**

たとえば、将来を嘱望されている〇〇社の社員、〇〇の期待の星、新任係長、新任課長、トップマネジャー、〇〇の専門家、愛妻家、新進気鋭のアーティスト、人気ブロガー、仕

事も趣味も極めた人など……。半年後、1年後、3年後のそれぞれを書き出してください。謙遜や遠慮はいっさいしないようにしましょう。

ステップ3　未来のセルフイメージの中から最もしっくりくるものを選ぶ

「半年後」「1年後」「3年後」のいずれかでかまいませんので、未来のセルフイメージの中から最もしっくりくるものを1つ選び、今この瞬間から、そのセルフイメージですごしてみてください。

たとえば、「1年先にはトップマネジャーになっている」を選んだのなら、今は、「ごく普通のサラリーマン」というセルフイメージだったとしても、今からトップマネジャーの姿勢、言葉遣い、服装、視点、視野、仕事の質、時間の使い方などを意識し、実践してみるのです。

これを実践していると、徐々にセルフイメージが上がってきます。また、そのイメージに近づけるよう行動に変化が表れ、理想が実現する可能性が高まります。

まさに「思考は現実化する」のです。

巻末付録

目標を着実に実現するための「振り返りノート」の書き方

「ぶっとんだ目標」は、定期的にブラッシュアップしていこう

第5章では、本気で人生を変えるために必要な「ぶっとんだ目標」についてお伝えしました。では、ぶっとんだ目標を立てた後、どうしたらいいのでしょうか。

どんなに魅力的な目標を設定しても、いつの間にかモチベーションが下がってしまう。どんなに感動しても、いつの間にか忘れて日常に埋没してしまう。どんなに情熱があってもいつの間にか冷めてしまう。そういった経験は誰しもあると思います。

熱々のコーヒーが時間とともに冷めてしまうように、放っておくと目標に対する熱い思いも徐々に冷めていきます。

すでに、「ぶっとんだ目標を立てた！」という方も、どうかそれだけで満足し、安心しないでください。

立てた目標を放置していませんか？

「ぶっとんだ目標」は、行きたい未来へあなたを引っ張っていってくれます。

もし、「ぶっとんだ目標」を設定したはずなのに、「全然うまくいかない」「行動が何も変わっていない」「仕事と生活に精一杯で先延ばししまくっている」という場合は、より魅力的な目標にするためのブラッシュアップが必要です。

また、「魅力的なぶっとんだ目標が見つかった！」という方も、それだけで安心しないでください。目標が見つかったことに満足して、目標を放置している人は意外に多いのです。これは、取り組み内容についても同じです。

目標や取り組み内容は「一度立てたら終わり」ではありません。行動してカタチにしていくためにも、定期的により魅力的で効果的なものにブラッシュアップしてください。

では、せっかく立てた「ぶっとんだ目標」を実現するために、着実にブラッシュアップしていくには、どうしたらいいのでしょうか。

私がおすすめするのは、「振り返り」です。この巻末付録では、効果的な振り返りを行い、「ぶっとんだ目標」を着実にカタチにしていくための方法を紹介します。

振り返りなくして、目標は実現できない!?

定期的に目標実現の度合いを振り返り、軌道修正することで、「やりっぱなし」で終わるのを防げます。すると、成功・失敗を問わず経験したことをリソース化することができます。

目標実現へのチャレンジが、全て計画通り順調にいくことは稀です。むしろ、挑戦している人ほど、「思い通りにいかない」「うまくいかない」場面に直面します。

振り返りをしない人は、一度うまくいかないと、「失敗した」と判断して、あきらめてしまいます。これに対して、振り返りをする人は、軌道修正ができるので、やり方を変えて再チャレンジするなど、次の行動につなげることができます。

これは、「うまくいったこと」も同様です。振り返りをしない人は、うまくいったらいったで、そこで満足して終わってしまいます。うまくいった要因の分析をしないので、再現性が低く、いい状態が長続きしません。

一方、振り返りをする人は、うまくいった要因や状況を分析するので、次の行動に意識的に活用することができます。**つまり、「振り返り」を活用することで、経験をリソース化して、次の行動に生かすことができるのです。**

「振り返り」と「反省」は目的が違う

「振り返り」と似た概念として、「反省」があります。この2つは似ていますが、目的が異なります。両者とも、「過去の行動を顧みる」という意味では同じですが、反省は「できなかったこと・うまくいかなかったこと」だけにフォーカスします。次に同じミスや失敗をしないように改善することが目的だからです。

これに対して振り返りは、「できなかったこと・うまくいかなかったこと」だけでなく、「うまくいったこと・よかったこと」にもスポットを当てます。つまり、「よかったこと」と「よくなかったこと」両方について分析するのです。「うまくいったこと・いかなかったこと」両方の経験をリソース化して、活用していくことが目的だからです。

私がサポートしている方のなかには、「振り返りをするつもりで反省だけをして、かえって落ち込んでしまった」という経験をされた方もいます。

自分では「振り返り」をしているつもりが、いつの間にか「ダメ出し大会」をしてしまう。すると、後悔や自己卑下、自己否定ばかりになってしまいがちです。その結果、「自分は全然できていない」「こんなに頑張ってもうまくいかないなんて、才能がないからダメなのかも」「行動しても無駄だった」などと思い込み、自信を失ってしまうのです。

「反省は得意だけれど、振り返りは苦手」という方は、半分はできているわけです。後は、意識して「うまくいったこと・よかったこと」についても考えてみるようにすればいいだけです。うまくいった要因を特定するクセをつければ、再現性が高まるので、好調が長続きするようになります。

振り返りを成功させる3つのポイント

振り返りをする際のポイントは大きく分けると3つあります。

ポイント1　振り返りの頻度

まず頻度ですが、「1週間」単位で振り返ってみることをおすすめします。これには3つの理由があります。

1つめは、継続しやすいからです。

毎日、振り返りを実践しようとすると、忙しいときは時間が確保できないこともあるでしょう。逆に、月に1回だと、間隔が空きすぎて忘れてしまうこともあります。

この点、週に1回であれば、忙しくても、ちょっとした工夫で時間を確保できます。もし、忘れてしまってもすぐに翌週になりますので、リカバリーしやすいのです。

2つめの理由は、年間52回も、リセットする機会を得られるからです。

たとえ、うまくいかないことがあっても、週単位で振り返りを実行すれば、週末にリセットして翌週から新たに挑戦することができます。1年間で52回挑戦し、リセットする機会があるので軌道修正しやすいのです。

3つめの理由は、心理的ハードルが下がることです。

毎日、振り返りを実践しようとすると、日々のタスクに追われている人にとっては、楽しみではなく、義務になってしまうことがあります。「毎日振り返りをするからには、目標実現に向けた行動も毎日何かしなければならない」という発想になると、楽しくないので、続けることが難しくなります。さらに、忙しくてできない日が増えると自己嫌悪に陥り、振り返りだけでなく、目標実現に向けた挑戦自体が止まってしまうこともあります。

また、月単位で考えると、完璧主義のワナに陥る可能性も高まります。

私たちは、期間が長くなればなるほど、「これくらいはできるだろう」と、できることを大きく見積もりがちです。その結果、ハードルが高すぎる計画を立ててしまい、「あまり進まなかった」「思ったよりできなかった」と、かえって落ち込んでしまうことがあります。この点、週単位で捉えると、どんなに忙しいときでも、目標に挑戦する時間を確保しやすくなります。また、見通しも立てやすいので、現実的な計画を立てやすいのです。

振り返りを確実に実践するためには、「毎週金曜日の夜21時」「月曜日の朝6時」など、振り返りを行う時間を固定してしまいましょう。ちなみに、1回にかける時間は、5～30分の間で十分です。まずは、15分を目安に試してみてください。

ポイント2　振り返りの順番・やり方

必ず、「うまくいったこと（できたこと）→うまくいかなかったこと（できなかったこと）」の順で振り返ってください。そして、その結果をアクションプランにして、その後のスケジュールに反映させていきます。詳しくは後述しますが、やり方としては、まず「うまくいったこと」について、その要因や背景を明確にします。これだけで再現性が高まります。「うまくいかなかったこと」については、課題と対策を明確にして軌道修正していきます。

ポイント3　振り返りの活用の仕方

せっかく振り返りをしても、実際の行動に反映できないとしたら、もったいないです。そういう場合は、次の3つの問いかけを意識することで、少しずつ活用していきましょう。

自分の夢や目標に、より近づくにはどうすればいいか？
もう少し、改善できることがあるとすれば、それはどんなことか？
この経験を次につなげるには、どうすればいいか？

こう考えるだけでも、振り返りの内容を次の行動に反映していくことができます。

行動をブラッシュアップする「振り返りノート」とは？

まず、振り返りのためのノートを1冊準備しましょう。ノートはどんなサイズや形式でもOKです。ノートを用意したら、次ページの図のように、縦と横に線を引き、4つのスペースをつくります。

左上に「取り組み内容」、右上に「できたこと・できなかったこと」、左下に「悩み・課題」、右下に「軌道修正アクションプラン」と記入します。

これができたら、次の4つのステップを行いましょう。

ステップ1　ノートに、目標を実現するための「取り組み内容」を書く

第5章で、目標を達成するために、「取り組み内容」を明確にしましょうとお伝えしました。現状と目標との間に3つのマイルストーンを設定し、それらをチャンクダウンして、

①取り組み内容	②できたこと・ できなかったこと
③悩み・課題	④軌道修正アクションプラン

各マイルストーンにたどり着くためのアクションプランを決めるわけです。

まず、このアクションプランを、4分割したノートの左上に書き込みましょう。

たとえば、「今の会社から独立して、縁側カフェを開業したい」という、ぶっとんだ目標を持つAさんがいるとします。

Aさんは、「開業のノウハウを身につける」ことを1つめのマイルストーンとして設定しました。そして、そのためのアクションプランとして「カフェ開業に関する本を買って読む」「実際に会社員からカフェを開業した人に会いに行く」「カフェを巡って、メニューと価格を研究する」というアクションプランを立てました。

この場合、ノートの左上には、「カフェ開業に関する本を買って読む」「実際に開業した人に会いに行く」「カフェを巡ってメニューと価格を研究する」と記入します。

記入したら、後は実際に行動に移せばいいわけです。

ステップ2　「できたこと」「できなかったこと」を書き出す

ノートにアクションプランを記入して、1週間経ったら、実際に行動に移せたかどうかを振り返り、ノートの右上に「できたこと・できなかったこと」を記入します。

この際は、前述の通り、「できたこと」から振り返るようにしましょう。私たちは、何も意識しないでいると、過去のいい記憶が悪い記憶の陰に埋もれてしまいます。なので、振り返りをするときは、意識的に「過去のいい記憶」に最初にアクセスします。

Aさんは、できたこととして、「カフェ開業に関する本を買えた」「本を1章分読めた」と記入しました。そして、できなかったこととして、「実際に開業した人に会いに行く」「メニューと価格を研究する」と記入しました。

なお、「できたこと」はどんな小さなことでもかまいません。たとえば、本を1ページも読めなかったとしても、本を買ったのなら、「できたこと」に該当します。また、たとえ本を購入していなくても、どの本を買うか検討したのであれば、それも「できたこと」ですので、「購入する本を検討した」と記入すればいいのです。

ステップ3 「悩み・課題」を書き出す

「できたこと」と「できなかったこと」を書き出せたら、今度はノートの左下に今抱えている悩みや課題を書き込みます。

ここには、先ほど書いた「できなかったこと」について、「どうしたら、実行できるか？」という観点で考えて、見つかった「課題」を書き込みましょう。

Aさんの例で言えば、「どうしたら、開業している人に会いに行けるのか」を考えて出てきた課題を書き込みます。

すると、

カフェが忙しい週末ではなく、平日に会いに行く時間を確保する必要がある
会いたい人を1人に限定せず、複数にしてみる
知り合いではない人へのアポとりのハードルが高いので、ハードルを下げる

など、いくつかの課題が浮かんできます。

また、このスペースには、「残業が多い」「慢性的な睡眠不足と運動不足」「子どもの受験勉強がうまくいっているか気になる」「家族との会話が少ない」など、目標とは直接関係のない「悩み」や「気になっていること」も書き込みましょう。

私たちは、「目標を実現するためには、必要な行動さえすればいい」などと、物事を短絡的に捉えがちです。しかし、中長期的な目標を着実に実現していくためには、心身の健康、働き方、時間の使い方、家族や職場での人間関係の良し悪しも影響があります。「目標」に限定せずに、気になっていることや悩みを書き出すことで、自分の現状をより客観的に把握することができます。現状や課題を認識することができれば、対策を立てることもできます。

ステップ4　軌道修正アクションプランを書き出す

「悩み・課題」を書き出したら、アクションプランの軌道修正を行い、来週実行したいアクションプランを設定し、右下に書き込みます。

まずは、ステップ2の「できたこと」の要因を分析して、うまくいったことをアクションプランに反映させます。Aさんであれば、(先週は体力に余裕のある月曜日に本を購入できたので)「月曜日の終業後に、メニューと価格を調べる」と記入していきます。

次にステップ3で出た課題や悩みをもとに、アクションプランを軌道修正します。

たとえば、「行きの通勤電車で、開業に関する本を読む」「平日にカフェに行けるように、定時に仕事を終える日を週に1回確保する」、「(いきなり連絡するのではなく)まずカフェにお客さんとして行く」「(実際に店に行かなくてもできるので) インターネットを使って、自宅近くの3店のメニューと価格を調べる」などです。

なお、新たなアクションプランは、次週の振り返りの対象になりますので、次のページの左上にも書き込んでおきます。ちょっと面倒くさく感じるかもしれませんが、ノートの左上を前の週に書いておくことで、続きを書きたくなるので、振り返りを続けやすくなります。

この4ステップのサイクルを毎週続けていくと、着実に「ぶっとんだ目標」の実現に近づいていくことができます。

慣れないうちは時間がかかるかもしれません。そんなときは、たとえば「30分」など、時間制限を設けて、その時間内でできる範囲でノートを書いてください。

慣れてくれれば10分ほどでできますので、ぜひ気軽に試してみてください。

おわりに

最後までお読みいただき、ありがとうございました。

ところで、あなたは「死に物狂い」で頑張ったことがありますか?

私の場合、「熱中したことは?」と聞かれればすぐに思い浮かびますが、「死に物狂いで頑張ったことは?」と聞かれると、パッと思い浮かべることはできませんでした。

先日、私の主催するオンラインサロンのメンバーから、こんな質問がありました。

私は、何かを犠牲にして、歯を食いしばって頑張ることが本当にイヤで、（できているかは別にして）趣味や日常も大切にしながら、無理なく頑張ることを理想とするタイプだと自分自身で分析しています。

でも、この価値観を知人や友人に話したら「甘い」とか「人一倍努力しなきゃ」などと言われそうだな……、と思ってしまいます。

「ああ、これこそ他人軸だな……」と思う反面、実際、学業や仕事の成功体験がほとんどなく、「どこかで死に物狂いにならないといけないのかな……」と、グルグル考えてしまいます。

この過程を経て、「やらなきゃ！」と思えるのならまだいいのですが、結局マイナスなことばかり考えてしまい、時間を無駄にしてしまいます。ぜひ、先生のご意見をいただけますと幸いです。

まずは、「今の自分の価値観はこれ」と理解していることは、とても素晴らしいことです。「どこかで死に物狂いにならないといけない」というのは、「頭の声」です。ですから、無理やりそうしなくてもいいと思います。順番が逆な気がするからです。「頭の声」に従って必死に努力するよりは、「心の声」を素直に聞くことから、始めてみてください。「死に物狂いで頑張るから、うまくいく」というよりは、

「死に物狂いで熱中できるものに出合ってしまって、気がついたら結果的にうまくいった」

ということのほうが多いからです。

私たちは誰でも、夢中になれるものに自然と出合い、どこかの過程でがむしゃらになってしまうのです。後から振り返れば、「何かを犠牲にしていた」とも言えるけれど、「当時は熱中していただけ」「必死だっただけ」というのは、よくあることです。

ただし、1つの経験として、「自分の限界に挑戦してみる」というのもありです。「限界」は、たんなる思い込みかもしれません。あえて「一度限界を超えてみよう」と挑戦することで、「新しい自分の可能性」に気づくことがあります。

もし、無理や犠牲が嫌いなら、「死に物狂いで自分自身を徹底的に大事にする」というのはいかがでしょうか。これなら、自分の価値観に背かずに、限界突破に挑戦できます。

私たちが熱中してしまうものに出合うのは、今日かもしれませんし、明日かもしれません。もしかすると、1年後かもしれません。

その日まで、自分が行きたい未来に指をさし、今日も一歩ずつ成長の日々を積み上げていきましょう。

本書はたくさんの方の支えによってできあがりました。

編集を担当してくださったかんき出版・重村啓太さんの洞察と励まし、イラストレーターの鈴木衣津子さんのおかげで本書が生まれました。そして、いつもやりがいを感じながら仕事をさせていただけるのは、クライアントのみなさま、行動イノベーションプログラムの仲間のおかげです。本当にありがとうございます。

そして、いつも人生のパートナーとして、仕事でも最強のパートナーとして全力でサポートし続けてくれる、妻、朝子。2人の息子、晃弘、達也。いつもありがとう。

そして、この本を読んでくださったあなたに、最大級のお礼を申し上げます。

よろしければ、率直な感想をお聞かせください。いただいた感想は、一所懸命に読ませていただきます。感想は左記のアドレス宛にお送りください。

アドレス：info@a-i.asia（件名：「すぐやる人37のコツ・感想」）

最後に、読者の方へプレゼントをご用意させていただきました。左記のURLから登録後、ダウンロードできます。

●https://an-i.info/37kotsu

自分の意志で行動することで、希望とともに、あなたの未来の扉が開きますように。
近い将来、あなたと直接お話しできる日を楽しみにしております。

大平　信孝

やる気に頼らず「すぐやる人」になる37のコツ

超要約！キーワード索引

さらに詳しく知りたい方は、【　　】内にある私の既刊本も参照してみてください。

1 ▼ ドーパミン

行動力の源。意欲を高めたり、楽しいと感じる脳の「側坐核」から放出される神経伝達物質。

022ページ

2 ▼ 仮決め・仮行動

仮とはいえ、現時点では「これ！」と決めて行動すること。あくまでも仮なので後から変更してもOK。【『本気で変わりたい人の行動イノベーション』（だいわ文庫）】

024ページ

28 ▼ プラス行動

満足感や達成感、幸福感を得るための、「プラスの価値を生み出す」行動。ゼロベース行動で生み出された時間で、どんなことをしたいかを考えることで、夢や目標を実現できるようになる。

144ページ

29 ▼ ぶっとんだ目標

実現可能性にとらわれない、「心底、実現したい目標」。ぶっとんだ目標は、行きたい未来へ、私たちを引っ張っていってくれる。【『先延ばしは1冊のノートでなくなる』（だいわ文庫）】

148ページ

30 ▼ 欲望

心の奥底にある純粋な気持ち、心を揺さぶるような希望、願望、期待。欲望なき目標は「真の目標」とは言えない。【『本気で変わりたい人の行動イノベーション』（だいわ文庫）】

152ページ

31 ▼ 3つの声

「頭の声」「体の声」「心の声」。これら3つの声を分けて聞くことで、自分の「本当はどうしたい？」がわかるようになる。【「本気で変わりたい人の行動イノベーション」（だいわ文庫）】

156ページ

32 ▼ 3つの価値観

「①人とのつながり」「②達成」「③技術の追求」。自分が大切にしている価値観をベースに「なんのため？」「誰のため？」を考えることで、自分にふさわしい目的を設定することができる。

162ページ

33

マイルストーン

目標を実現していく際、途中の目安となる小さな目標のこと。現状と目標の間に3つのマイルストーンを置くことで、取り組み内容が明確になり動きやすくなる。

166ページ

34

セルフイメージ

自分自身の定義。セルフイメージを上げると「自分にはできる」と思えるので、行動を加速することができる。

176ページ

35

振り返りノート

1週間に1回、振り返りをして軌道修正アクションプランを立てること。ぶっとんだ目標を着実に実現するために効果的なメソッド。

189ページ

【著者紹介】

大平　信孝（おおひら・のぶたか）

◉――株式会社アンカリング・イノベーション代表取締役。メンタルコーチ。目標実現の専門家。中央大学卒業。長野県出身。

◉――脳科学とアドラー心理学を組み合わせた、独自の目標実現法「行動イノベーション」を開発。その卓越したアプローチによって、これまで１万5000人以上の課題を解決してきたほか、オリンピック出場選手、トップモデル、ベストセラー作家、経営者など各界で活躍する人々の目標実現・行動革新サポートを実施。その功績が話題となり、各種メディアからの依頼が殺到。現在は法人向けにチームマネジメント・セルフマネジメントに関する研修、講演、エグゼクティブコーチングを提供。これまでサポートしてきた企業は、ＩＴ、通信教育、商社、医療、美容、小売りなど40以上の業種にわたる。

◉――また、個人向けに「行動イノベーション年間プログラム」とオンラインサロンを主宰。「2030年までに次世代リーダーをサポートするプロコーチを1000人輩出し、日本を元気に！」を目標に掲げ、プロコーチ養成スクール「ＮＥＸＴ」を開講。10冊の著作の累計発行部数は23万部を超え、中国、台湾、韓国など海外でも広く翻訳されている。おもな著書に、『指示待ち部下が自ら考え動き出す！』（小社）、『先延ばしは１冊のノートでなくなる』（大和書房）などがある。

★無料メールマガジン「行動イノベーション通信」
https://www.reservestock.jp/subscribe/43921

★著者問い合わせ先
info@a-i.asia

やる気《き》に頼《たよ》らず「すぐやる人《ひと》」になる37のコツ

2021年10月19日　第１刷発行
2023年11月１日　第18刷発行

著　者――大平　信孝
発行者――齊藤　龍男
発行所――株式会社かんき出版
東京都千代田区麹町4-1-4 西脇ビル　〒102-0083
電話　営業部：03(3262)8011㈹　編集部：03(3262)8012㈹
FAX　03(3234)4421　振替　00100-2-62304
https://kanki-pub.co.jp/

印刷所――図書印刷株式会社

　ISBN978-4-7612-7572-3 C0030